薛浩然評論集

時事 • 政治
歷史 • 宗教 • 文化

謹以此書獻給

薛劉麗芳女士

以誌永遠的懷念

目　錄

我的國家民族感

我與藏傳佛教

附一：書籍序言

附二：立法局辯論發言

世說新語現代版

序　言

　　大凡物不得其平則鳴：草木之無聲，風撓之
鳴；水之無聲，風蕩之鳴。其躍也或激之，其趨
也或梗之，其沸也或炙之。金石之無聲，或擊之
鳴。人之於言也亦然。有不得已者而後言，其歌
也有思，其哭也有懷；凡出乎口而為聲者，其皆
有弗平者乎？

——《送孟東野序》韓愈

　　余生於1949年，歲次己丑，逾一甲子矣。少嘗讀書，惟
性固頑劣，自以為是，敝帚自珍。及長，經社會之磨煉，始
悟世道人心，誠如《尚書·大禹謨》云：人心惟危，道心惟
微，惟精惟一，允執厥中。此乃中國傳統儒家中庸之道博大
精深之處，惟實知易行難也。

　　在上世紀日軍侵華至國共內戰期間，吾祖父輩在覆巢之
下，亦難有完卵。在兵焚劫餘留得命後，亦無緣份再返家園
矣。余七十年間雖有幸避過戰亂，隨父輩偏安香江。

　　近二十年來，世界卻已發生了深刻的變化。世界秩序
正處於大動蕩、大分化和大改組之進程。中華民族出現了偉
大復興的雛象，但是好事多磨，東西方在文化和政治意識形
態上之差異，依然是中外矛盾的主旋律，特別是中美貿易糾
紛，不單影響世界的政經格局，處於東方彈丸之地、高度開

放的香港更難倖免，首當其衝。

　　香港特區政府提出《逃犯條例》之修訂案一事，引致社會重大分歧，發生了由2019年6月至今逾六月長的社會動亂。至今動亂仍未有緩解之象，民眾與政府背向，警民衝突不斷，所謂止暴制亂難見端倪。香港正躊躇在那十字街頭，正是「己亥之亂」何時了？不禁戚戚！

　　盛年時，我在偶然的機遇下，丟進了港英時代的政治泥沼與浮沙中，參與了鄉議局、區議會、區域市政局和立法局的工作，近幾年，又主要從事文史哲、社科等研究和書寫工作，故此，對後港英時代的政治和回歸後的香港政局略有所了解和關注，並因而每每反思。

　　而本書所結集付梓之文章都是這期間寫下的，有已發表的，亦有未曾發表的。內容主要是我對社會現象、家國情懷或宗教哲理等的論述。寫作的年代跨度比較大，因此，建議讀者在閱讀時，應考慮時代背景，不應該用今天的眼光和準則、尺度去度量。但有些觀點我認為是相對地恆久不變的，就是作為一個人的基本道德價值觀。雖然，人心之不同如其臉，但不忘初心、牢記使命，也是作為一個人該去守護的基本原則。

　　若讀者們通過閱讀本書之不同時期、不同內容的文章時，能引發對當時一定歷史條件下的社會事件的正或反面興趣，及以多一個觀點角度來理解相關問題或引伸閱讀，則本書已可功德完滿矣！

　　此外，本評論集在成書過程中，包括文章的蒐集、整理和編輯等，劉家樑先生均給予協助，謹此致謝。

　　謹以外祖父羅叔重兩詩句自銘：

猶有少年心性在，手胼為寫玉堂春。

　　是為序。

薛浩然

二零一九年歲暮

我與香港的政經情

論直接選舉

1986年12月

近幾個月來，「直接選舉」這四個字經常在傳播媒介中出現。無論在任何場合裡，都會聽到社會上各階層人士和集團都發表了各自的看法和觀點。此種情況，慢慢進而劃分為兩大陣營，隨著1987年的政制檢討和基本法進入草擬章節階段，這個問題更令人矚目。

首先作為市民的一份子，究竟我在「直接選舉」這個問題上，又會採取一種什麼的態度呢？其實我對「直接選舉」這個模式「既是贊成」，「也是反對」。驟然看來，我的態度是有點騎牆的。

現在讓我先行交代贊成的觀點和原因，其實直接選舉經已實際存在，並在發展和推行之中，例如，區議會、市政局、區域市政局等，雖然選民的登記人數和投票率仍不太符合理想，但和以往市政局的選舉情況來比較，其發展和成績是肯定的。通過這些在全港地區範圍進行的選舉，無論對公民意識的發展，港人治港概念的具體化，民主政制的體驗落實都很有得益。有一點我相信社會大眾都能夠達到共識的，就是在處理地方區域事務的行政或諮詢架構上所推行直接選舉的模式，是符合社會或社區發展的需要。經過時間和實踐的考驗，可以令它逐步發展和鞏固起來。

　　既然直接選舉有上述的優點，那麼為何又要反對呢？

　　在這個題上我首先要闡釋的是我並非反對直接選舉，而是反對將直接選舉這種模式引申或帶進立法局的議席選舉上面，亦即現時政制檢討的一個焦點。

　　因為我覺得在現階段或在1988年9月31日以前，即本屆立法局任期屆滿之前，去討論未來的立法局是否需要有直接選舉產生的議員，與及究竟有百分之幾的直選議席的要求，都是不當和片面性的。相信各位都清楚現屆立法局的任期是由1985年10月開始到1988年9月31日止。而這一屆的立法局和本港以往任何一屆立法局都不一樣，因為今屆立法局的成員有42%是以間接選舉方式而產生的。這一個新鮮的事物到今天，只不過存在了一年多的日子，而我們卻在現階段便開始去否定它的組合，未免言之過早，同時也是極不恰當，不公平和不負責任的。我們應該最低限度也要等這一屆立法局任滿後，才能夠較客觀地去觀察、分析，這一屆以嶄新組合形式的立法局和以往立法局，不單在組織上、議席上，更從運作上、效率上和對處理香港整體經濟和社會問題上，是否都能夠積極地發揮其作為立法組織的功能，和對政府財政預算和資源運用是否能發揮積極和有效的監察作用等等，去釐

訂未來十年的立法局的功能，組織路向等問題。

因此，我個人認為在香港推行民主意識和公民教育是應該予以鼓勵和支持的。但同時我要指出一些以標榜自由民主為己任的社會活動家們，所說「假若1988年立法局沒有直選的話，香港便會進入政治或民主黑暗時期或倒退，市民大眾的利益和民意便難以表達或直達中央政府」等言論都是一個悲觀的看法。我認為立法局的運作和效率是否成功，並不單是取決於其成員是否來於直選或委任，而是取決於議員們是否真心真意，摒除小圈子利益及個人政治慾望，以全港整體的利益為大前提去做事。

基於上述理由，我認為在1987年的政制檢討時，有關立法局的議席應否全部或部分以直選方式進行，應不予討論或押後至1988年本屆立法局任滿後，才進行檢討，這才是一實事求是的民主客觀方法。

很遺憾，我們見到有某些現任立法局議員正大力鼓吹在1988年便要將直選帶入立法局。無論其背景及意圖如何，從長遠的觀點來看是好的。但若在現階段便要急於作出取捨或定論是否太過急躁呢？如果現在那些為人尊敬的議員先生們能夠向市民大眾拿出證據或事實證明，現在立法局的功能和效率由於沒有直選的議員列席而不能發揮其功能，或由於其晉身立法局是以間選而非直選的身份地位，而限制或局限了他們作為立法局議員的應有職權運用和活動能力。若非上述兩點的答案，新的立法局組合應在任滿後才進行檢討。

最後，我覺得在1987年的政制檢討中，大家應該注意是否可以，將部份地區層面的行政或決策權下放給區議會，例如：地區管理委員的開放、地區範圍內的城市發展及土地利用等，使區議會和區議員的積極性更進一步發揮和加強。第二，人們注意到政府最近以來在委任一些重要的委員會委員時，似乎有一種趨勢，就是以委任立法局議員為主，例如房屋委員會，交通諮詢委員等。我覺得政府在考慮委任有關成

員應多考慮非立法局議員的其他人士，誠如代議政制綠皮書第2章第18段所講：「本港有三百七十一個委員會，組成了龐大的諮詢網，是港府實行諮詢制度的一項重要特色」。所以多委任一些非立法局議員人士為委員是有其實際和必要的價值。否則以立法局議員佔優的委員會不啻是立法局屬下的委員會而已，如此便失去委員會原有的意義。

　　最後，我謹以1980年之「香港地方行政的模式」綠皮書引言中的一段作為今天講話的結束：「香港環境特殊，需要一個穩定的局面，行政立法兩局——政府的中央機關，過去和將來都要按照環境的需要而演變。」

路漫漫其修遠兮，吾將上下而求索！
——小議《新機場建設諒解備忘錄》

1991年7月

最近中、英雙方就有關新機場問題達成了一個「諒解備忘錄」的協議。雖然未經雙方政府領導人正式簽署，但翻案的機會微乎其微。而本港大部分的社會活動家、政治人物和工商界都表示不同程度的歡欣雀躍和表態接受，當然包括港英政府在內。

始料不及的天大意外

其實有關興建替代性新機場問題，已經在港府內部研究了二十多年。港人就有關問題，例如選址、財務安排、經濟效益等，大多一無所知。期間並非香港市民對這件事漠不關心，而主要癥結是港府就有關問題的透明度極低，如果不是經過一些人鍥而不捨地去尋求了解，加上輿論的壓力，相信新機場可能已經在幾位港府官員的擺佈下，靜靜地、低調地上馬了！而今天的結果，即「諒解備忘錄」的出現，相信是新機場「原作者」始料不及的天大意外吧！因為誰也猜不

到，在香港興建一個新機場，竟然要勞駕到中、英兩國政府最高領導人揮動大筆才能決定，世事之難以意料，莫此為甚！

中英雙方各取所需

中、英雙方在這個問題上，可以說得上是「各盡所能，各取所需。」尤其是英國執政保守黨在大選前的關鍵時刻，取得了它政治上及經濟上的一個重要籌碼。而中國政府亦在通過新機場的談判，取得了自「六四」風波以來又一個重大的政治突破，同時亦顯示出維護或力爭港人未來利益的一個誠意。無論我們的政治取向如何？一個不可爭辯的事實，就是未來的特別行政區政府在起步時，將會有一個較為充裕的儲備，即由50億元增加達到250億元。

莫非所謂「異數」乎？

另一點，就是市民大眾一貫以來力爭的，要政府提高透明度，開放有關資料，成立諮詢委員會，讓市民不單只是就直接影響他們切身利益的事情才有發言權和知情權。此點，亦是我於去年在立法局提出新機場動議辯論的主要目的。但使人遺憾的是，有關正確和合乎情理的要求竟然被否定。而讚成成立諮詢委員會去諮詢市民大眾和各界社會人士的意見，竟然是一個被「民主派人士」一直以來所詬病的、由共產黨所領導的中華人民共和國政府去幫我們爭取回來。真是天下莫大的諷刺！此莫非真的如玄學家們所謂的「異數」乎？

融資問題如何解決

雖然，中英雙方經已拍板定案，看來新機場將會刻日動

工。或許，可能有一部分人因而在股票市場撈了一筆，但如果我們詳細閱讀有關「諒解備忘錄」的條文，字裡行間我們並沒有看到興建新機場的融資問題如何解決，涉及興建新機場的過千億元又將會從何籌措，是否會通過橫徵暴斂的稅收而來？機場財務顧問不曾指出，基建對未來六年的經濟過熱現象和可能出現的兩位數字的高通脹如何處理？以及政府是否真心實意的向市民公佈有關財務安排等，這些都是實務問題。

歡欣雀躍的背後

誠如中共總書記江澤民所言：「你請客，我付鈔」的情況依然故我，沒有任何改變，因為要為新機場去付出代價的是港人，而非中、英雙方。納稅者只有是，而亦只能是港人。因此，香港市民絕對不能因為有這樣的一個「諒解備忘錄」而模糊了我們的思想和掉以輕心。在歡欣雀躍的背後，等待著我們的可能是要「勒緊褲頭」的艱難歲月。在未來六年的日子裡，香港市民更要緊密團結，希望香港政府要認真的體諒民情，順應民意；並希望認真地為九七後的五十年的繁榮穩定，多留一磚一瓦，則香港市民幸甚、幸甚！

在黑房中作業的行政局

1991年8月

在隨著政制加速邁向民主化的前提下，香港整個憲制架構正在進行改組。尤其是在進入後過渡期內的今天，市民大眾要求政府在重大決策方面要增加透明度，要求提高對影響社會民生的各種問題的知情權等呼聲，都正在衝擊這這個經已管治了香港超過了一百五十年的殖民地政府，亦衝擊著全港市民。

隨著9月立法會直選的展開，香港的行政局——香港最高的行政決策機關，將會是政府的一個最後堡壘了！因此，當我們在期望立法局將會有通過直選，即一人一票產生的民意代表的9月15日的到來時，今天亦應該是我們對一貫以來均是處於黑房式作業的行政局進行一次檢討和回顧的時候！

由於現時行政局所有議員均由港督委任，同時各議員均受保密條例所規範，以及會議都在閉門的情況進行，因此，市民大眾均無辦法就各行政局議員的工作表現進行監察和考核，只能夠從議員的整體決定，即一般俗稱港督會同行政局的決定去評議有關決定是否符合香港整體的利益。

作為香港最高決策機關，行政局過往的表現，或所謂業績算是不錯的了。香港能夠有今天局面，它亦應記一功。但隨著代議政制的進一步發展，立法局的直選到來，使人開始對行政局昔日光輝和「英明決策」產生懷疑。遠的不說，單

從過往三年來的表現，有時實在使人有點兒氣餒和差勁的感覺。現試舉數例以茲參考。

第一，在興建新機場問題方面，行政局的表現令人失望，行政局議員的態度先後自相矛盾，立場搖擺不定，在是否興建新機場的問題上令市民有五時花六時變的感覺，無所適從。

第二，在有關應否恢復執行死刑問題方面，明知香港市民絕大部分的意願都是傾向對謀殺犯執行死刑的判決，而行政局竟然不特止不敢表態，而且在二十五年來對犯了謀殺罪而被判處死刑的罪犯竟完全、徹底地給予特赦。這不單止對無辜地失去了生命的市民及其家屬的不公道，亦觸犯了社會公義和量刑判罪的原則。

第三，就越南船民問題採「自我捉蟲」的甄別政策，將香港進一步推出萬劫不復之淵。此舉不獨未能解決滯港船民問題，反而使外國多了一個拒絕收容的口實，以及令市民怨聲載道。

再者，莫如英國在1979年修訂國籍法，將香港英籍居民拒之門外的重大問題完全、徹底地隱瞞香港市民，否則香港又何來有要爭取居英權的惺惺作態的假動作在後呢！

因此，在面對九七、港人治港的來臨，相信行政局對其成員的組合是有檢討的必要。當然，要行政局的會議和議程公開是難的了。而且作為一個部長內閣式的行政局的會議亦有保密的必要理由。但政府可以通過委任一些直選的議員進入行政局，無疑對改善市民對行政局形象，和使行政局在進行一些重大及影響市民生活的政策時，能夠有多一點的民意成分或較為接近民意。

過往行政局由一些富商巨賈、洋行大班所盤踞的時代，是應該結束了，代之而興之的，我們希望有如9月15日的立法局一樣，應有更多、更大的代表性，而這點亦是大勢所趨。黑房式作業的行政局現在應該是作出時代回應的時候了！

「六四」三週年有感

1991年

　　行人路邊，交通安全島旁一幅幅黑底白字或白底黑字的橫額在努力地提醒路人：又是「六四」週年了。

　　不同的人，不同的政治取向，各懷不同的政治目的，對「六四」事件都各有看法。許多許多的大小政治撈家，都在「六四」問題上轉腦筋，大撈其一筆油水。

　　其實「六四」事件的真正過程和它的內裡玄機，作為一般小市民的你和我，都只不過是通過電視機的畫面和新聞報導和支聯會的頭頭們在維園大叫口號而略知一二。當然「六四」事件是中國近現代史上一件不可也不能被抹去的事件，然而是否就香港一些自封為「民主黨」的人可以給它下定論呢？然而有些人可能會說電視機的熒光幕不是很清楚地反映出「六四」當時軍隊、坦克和裝甲運兵車在天安門廣場上來往奔馳對著一些看來是手無寸鐵的市民嗎？

　　當然，這些都可以作為未來史家評論「六四」事件的資料文件，但單從這一些表面現象而下判斷說這個是壞人，那個是兇手，而忽略了像「六四」這樣大的事件，是需要客觀、冷靜地從宏觀的角度去考慮問題。由於有很多資料和中國內部權力角力的情況，在現階段非我們身居海外的人士可以清楚了解。但相信，它將會像文化大革命一樣，歷史將對

它下一個公正的評價。

　　話扯得遠了，拉回來說說靠「六四」起家的支聯會。當然，支聯會的政治路線有其自己的追隨者，但支聯會在處理它手頭上超過千萬元的捐款，本來是應該交給北京學運的，故此實質不是它自己的，但這個號稱力爭民主、自由、人權等為己任的組織，居然間在全港幾百萬市民和曾經熱烈地捐輸的市民的眼皮下，將這筆錢變為私人有限公司的財產，而這間公司的股東和董事們的產生過程，市民大眾又知得有幾多？他們這些人不是喊民主、攪民意、講諮詢嗎？但當涉利益之時，全被拋諸腦後了。

　　故此，從這個意義上說，「六四」事件在香港的最大得益者是他們，「各」——民主鬥士、「利」——上千萬元袋袋平安可也。莫非誠如某些人所謂「發國難財」乎！

　　因此，「民主」這個東西若能玩至出神入化，不單止可名成利就，權、慾兩得；退一步而言，原來亦可以是一盤本小利大的生意呢，阿彌陀佛！

李君夏情何以堪！

1992年3月

　　最近香港治安不靖。在繁盛的鬧市，接二連三地賊人竟然動用到強大殺傷力的手榴彈和開槍數以十發。幸而傷亡不大，但一時間本港輿論嘩然，兩局議員都跳出來就治安問題高談闊論，矛頭似乎直指警務署署長李君夏先生。好像今天治安的惡化，警隊的士氣問題等都和李先生劃上等號。

　　當然，作為警隊的最高領導人，李君夏對近來一連串的持械行劫事件，絕不能卸膊。而從李先生最近親身開赴現場督師，鼓勵士氣的行事方式來說，平心而論亦已表現出勇於承擔責任的大丈夫氣慨。總比一些閉門造車，指手畫腳，嘩眾取寵的議員們來得落實。

　　有些論者更質疑李署長的領導才能，其實此點對李氏絕不公平。假如今天的警務署署長是換了別人，或仍由外籍人士出任，我相信情況亦不會有太大的改變。作為一支現代化的警隊，如要充分發揮其效能，則要具備下列的先決條件：

（一）　人的因素（這些包括良好和嚴格的訓練，士氣等）；
（二）　要有財政上的支持，正所謂巧婦難為無米之炊；
（三）　警隊的待遇和福利。這個問題不應單從其起薪點去看，而應進一步從一個執行警務工作者在面對生命安

危時，為公殉職。換來的除了是蓋上米字旗的所謂最
高榮譽葬禮外，其所遺下孤兒寡婦所得的是什麼實質
的幫助才是最實際的；

（四） 司法機關的判刑準則和指引。在一個所謂三權分立的
社會裡，執法和司法雖然是兩個獨立體，但同時又是
互為因果的。大量事例證明，雖然律有明文，但由於
受到按察司的判刑指引，逐令到有些案件未能達致應
有的「量刑判罪」的情況，此點對執行法紀的警務人
員的士氣亦有所打擊，誠如春秋左傳所謂：武夫力而
拘諸原，婦人暫而免諸國，墮軍實而長寇讎，亡無日
矣！

（五） 立法機關的態度和立場。我們經常聽人說：繩之於
法。換句話說法律是作為打擊罪犯和阻嚇罪行的一個
最重要的工具和武器。同時法律的制訂是應該具體地
體現人民大眾的願望和意願的。但在上屆立法局會期
內就要求政府順應民意，重新恢復執行死刑的動議辯
論上，那些口口聲聲以民意為己任的所謂「民主派」
頭頭如李柱銘、司徒華欲把民意拋到九霄雲外，竟然
要求取消死刑。因此由立法者組成的立法局對制訂一
些什麼樣的法例的態度，很大程度上影響了執法者在
進行打擊罪犯，尤其是嚴重罪犯的有效性。因為一些
「婦人之仁」的法律不單止幫不了警方對付罪犯，反
而會長了賊人的氣焰和膽色呢？

綜觀上述五點，作為警務署署長能力所及的和受到掣肘
是不少的。維持治安，打擊罪行，無可置疑，警隊是站在第
一線的，但如果得不到各方面的配套支持，單靠警隊孤軍作
戰，就算每個執勤的警務人員多配一支槍或每人加配手榴彈
一個，亦只是飲鴆止渴的方法，徒令增加傷亡而矣！

當然，如能加強中、港兩地治安和警務工作的溝通和合

作，對打擊罪犯雖然是有一定的幫助，當礙於中港兩地現並無引渡協議，省港旗兵在港造案後，只要能安全逃反大陸，便可慢慢歎其世界可也。

　　所以要解決進入後過渡期內的治安問題，不單止是警隊的首要任務，亦需要香港社會的整體承擔和協作，即行政、財政、立法和司法方面要給予警隊實質的支援，因為改善治安、打擊罪行是一項持久而艱巨的工作。

哎唷！我要飛躍！

——對政府發展西九龍文娛藝術區的反思

2004年

香港九七回歸，在以董建華先生為領導的特區政府執政七年來，雖未致乏善足陳，但其經常給我等小民以「腦震蕩」的驚奇，還是層出不窮，計有八萬五、安老事務、中藥港、數碼港、東方曼克頓、出售紅灣等。最近，在曾司長事必躬親的關懷下，我們的政府又要「飛躍了」。今次的主打題目是：將西九龍近40公頃的土地交予單一發展商發展，「建造一個世界級的文娛藝術區，同時確保善用這塊土地，造福市民」，美其名曰：創地標、顯文化、添悠閒。可謂壯哉斯言！

在拜閱曾司長的那篇雄文《請以新眼光看西九龍》後，我等小民更是浮想聯翩，霎時間都沉醉在文化氣氛之中，曾司長忽地變了東方的唐吉訶德，而大地產商卻幻化為摩西，手拿著象徵金權政治的權杖，帶領我等愚昧無知的小民，渡過日漸縮窄的維多利亞海港，進入迦南式的文化福地——西九龍文娛藝術區，完成曾司長文章中提及的「可能只是一個遙不可及的夢」。

前事不忘，後事之師。政府在撥出數碼港時，也不是高喊打造一個世界一流的高科技中心，並將會吸引世界一流的

人才和公司在本港設立基地嗎？然而，言猶在耳，我等小民只見貝沙灣樓盤的宣傳鋪天蓋地，卻可憐當時萬眾翹首以待的數碼港，有如棄婦，不知情歸何處？我們不知閣下所說的防偷天換日的機制，又會否是空歡喜又多錯一次！

西諺云：兩鳥在林，不如一鳥在手。香港賴以成功的基石和享譽世界的是數代人努力發展和經營而贏取的世界四大金融中心，和航運中心地位。今天這兩個中心都由於內部的管治水平問題和遭鄰近地區競爭而岌岌可危。因此，政府應該集中力量專注如何改善、鞏固和提升這個得來不易的成果，而不應該在現階段浪費資源在一個沒有足夠的條件支持下，例如普遍市民的文化素質，對藝術的訴求、鑑賞和參與能力仍是相對處於較低層次的水平。所以是否有市場，實在令人懷疑？政府的確如曾司長說：「香港幾十年來興建了不少文娛藝術設施，廣佈港九新界各地」。但政府可否公佈這些設施的平均使用率有多少？據了解，很多社區會堂和中心，如果沒有各中、小學和幼稚園租用作畢業禮等用途，使用率更使人沮喪。

因此，政府假若真的要將香港變成一個世界級文化藝術中心，首先要從根本著手，確立一個全面、明確而具生命力的文化政策。從教育上，培養正面的文化藝術觀念，並給予適時和恰當的資源，這一切只能是由政府牽頭，文化藝術是人類心靈的培育，是一個持久而漫長的孕育過程，單靠興建十來廿座的博物館、歌劇院或演奏廳的硬件營造，或將交

付地產發展商經營三十年，都是揠苗助長。因為地產商的強項，顧名思義是發展房地產以牟利，以非文化藝術，若以他們為主導，結果恐怕會畫虎不成反類犬。

現在，讓我們來討論曾司長在其文章中說：「政府用一貫的方式把這塊地皮拍賣出去，既省事，又可紓緩財政壓力，何樂而不為？但到時文化藝術又要與其他項目競逐公共資源，建立文娛藝術區，可能只是一個遙不可及的夢」。我們不禁要請教曾司長，假若要充分利用西九這塊土地興建文娛藝術區，那麼曾經擔任財政司的您，相信會知道政府是完全可按優先程序和專款專用的做法，將西九賣地所得款項撥歸一個文娛藝術區的發展專項戶口用以興建和發展有關事宜。誠如赤鱲角新機場的興建，因為是優先發展項目，其他項目只能讓路，使它如期1997年6月30日落成，又何足掛慮會有其他項目競逐公共資源呢？問題是：政府是否真心實意去興建這樣一個中心而矣！

作為一個商業社會，只要不違法，我們從來不嫉妒商人謀利的行為，因為這完全是合符常理的行為。假如他們撿到超值的便宜貨，在商言商，也無可厚非，只怪物主不識寶而矣！又能怪誰？如果西九龍這40公頃的土地是曾家產業又或者是董家的私人珍藏，我等蟻民只能望地輕歎而無權置喙。但是眼巴巴放在眼前的事實是：這是特區政府目前最大，最有價值和最後一幅的大面積土地。因此，我們都視這塊土地都有「如同己出」，十分珍惜。既然它是「皇帝女唔憂嫁」，為何政府要急於要將她拿去「和蕃」呢？假如政府建議將文化藝術區坐落在沙頭角，又或者大嶼山，然後向大地產商招手，以「出地分樓」形式進行的話，地產發展商又是否對文化藝術的亢奮和投入有如西九呢？

至於「創地標」的提法，究竟香港的地標是否需要花數以億元的金錢去建一個有如覆巢的天幕來引起世人的注意呢？先不去討論在一個瀕臨海邊，又終年有刮颱風的香港，該天幕

將來面對維持和相關風險等問題不談了，其實世人對香港的地標和遊客對本港留下的深刻印象是：美麗而獨一無二的維多利亞海港，這是上天給予香港的恩典，絕不是一兩座建築物可以取代。所以，請不要挖空心思，在什麼創地標的議題上搞花樣了！維多利亞海港經已是世上最令人難以忘懷的地標了！

　　司長閣下，作為我等小民的父母官，謹引用古聖賢孔夫子的教誨：「德薄而位尊，知小而謀大，力小而任重，鮮不及矣！」願特首和一眾問責高官共勉之。

立法會的權責與六四事件

2009年5月

　　隨著6月4日的臨近和碰上是「六四」事件發生的二十週年祭，香港各個政治團體，尤其是泛民陣線為主體的大小政客，都祈望能撈一點政治油水，以達其各自的目的，可謂各出其謀，各取所需也。因為在所謂「平反六四」這一個敏感的議題上，很難要求各方達致一個全民的共識，不同的利益集團，不同的政治理念，箇中錯綜複雜，有既得利益者，亦有既失利益者，加上該段歷史事件的事實情況如何，仍有待充分資料文獻才可作一個客觀定案，現階段誰也代表不了誰，所以仍然還是作為一個歷史事件議題，以各自表述為佳。

　　有關六四事件的性質，中國政府早已昭告天下是一起政治風波。當然千秋後歷史評價，只能留給未來的史家們去評說了。然而，香港作為中華人民共和國的一個特別行政區，基於基本法和中英聯合聲明的共識，香港特別行政區實行「一國兩制、港人治港、高度自治」，中國政府所實施的社會主義制度不會實施於香港，並明文規定賦予香港人有言論、集會結社、遊行、新聞出版等自由。只要不破壞社會秩序和安寧，香港人都可以依法享有這些自由。自香港回歸十二年來，香港居民基本上享有比港英時代更多的政治參與權。此

外，例如李洪志的法輪功可以在路旁高掛橫額上書寫著「打倒中國共產黨，打倒中國領導人」和作出「殺人犯」等侮辱性的人身攻擊，也沒有受到法律的干擾。這都充分說明香港的而且確是「港人自講」，而特區政府則有依法治港，不能以言入罪。

然而，本月14日，在香港卻發生了一起使人遺憾的事，在該天的立法會議事堂上進行的特首答問大會上，我們的特首和尊貴的立法會議員不知是有心或無意地共同演出了一起違憲的勾當。過程是這樣發生的：當天吳靄儀議員向特首提出了如下的問題：今天是「六四」二十週年，你（曾蔭權）是否支持「平反六四」呢？而特首衝口而出地回答了一個笨拙的答案：……我的意見是代表香港人整體意見。曾特首的回答，被泛民議員們抓住了辮子大造文章。人們認為這不是一齣鬧劇，而是一起極為嚴肅的違反基本法的行為，一起不依法治港的具體事例。那麼究竟議員們如何不按本子地辦事呢？

現在讓我們翻開《基本法》第3節第73條，對立法會可行使的職權都律有明文地清晰規定下來。因此，當立法會進行議事或辯論時，不可以做出其職權範圍以外的言論或行為，它只能進行或行使基本法所賦予的職權之管轄區內。法律賦予立法會議員在立法會內進行辯論時免除言責的目的，是使議員們不會因懼怕權勢或某些因素而不能知無不言、言無不盡，但絕不是議員就可以為己所欲、胡言亂語、離經叛道，討論一些與其職權不相干的事兒。因此，人們有理由相信議員們利用立法會在議事平台去討論是否支持「平反六四」的議題是不恰當的，因為這不屬於立法會的職權範圍，而特首的回應也是不恰當的，因為「平反六四」並不屬於在基本法下香港特別行政區行政長官的權責。

當然，人們並不反對立法會議員們就「六四」問題表達各自的看法，他們可以採取各種手法，例如遊行、集會、請

願去宣示。因為這是基本法所賦予的公民權利，所謂如法如理者也。譬如有些人喜歡抬棺材贈慶，有些愛燒書、燒紙人等，只要是依法而行，則悉隨尊便，你走你的陽關道，我行我的獨木橋，各自各精彩，誰也不怕誰。無論是何人，官居何品，都要遵守法律，依法而行。這就是我輩小民所理解之法治精神，也是香港所賴以自豪的核心價值。

最後，希望作為香港社會精英的立法會議員大人們能恰如其分地做好你們這份工，包括立法會主席在內，多了解、尊重基本法，遵守基本法，因為你們在進入立法會的議事堂時，都無一倖免地宣誓效忠基本法的，換言之，你們都必須根據誓言按照基本法賦予的職權辦事。

現在就請你們如法如理地履行自己的誓言吧！

「一二五」規劃的盲點
——論香港維港及其海岸線的堆填

2012年1月

前　言

　　國家「一二五」規劃是中國未來發展模式的一個總綱，包括未來土地的綜合利用與國家整體的經濟、民生和國防互動及配套。

　　香港自19世紀中葉成為英國殖民地，再經1898年的中英《展拓香港界址專條》的簽訂，將自界限街以北至深圳河一段的土地和相關島嶼和水域以租借地形式劃歸當時的港英政府管治，稱為新界。自此，香港島、九龍半島、新界和所屬海域和島嶼均由英國管治，至1997年6月30日主權回歸中國為止。中國政府根據《基本法》的規定，在主權回歸日起，在香港成立香港特別行政區政府，社會制度保持五十年不變，實行「港人治港、高度自治」的一國兩制模式；惟外交與國防均不屬香港特區自治的管轄範圍，仍是中央政府的專屬權責。

　　因此，在主權回歸後的今天，中央政府也於全國性的第

十二個五年規劃將香港特區包含在其整體規劃中。

　　香港由一個小小的漁港發展成為一個現代化的國際大都會，除了人和歷史機遇之外，天時、地利更是缺一不可。

香港的海港與海岸線

　　被譽為「東方之珠」的香港，是中國漫長的海岸線中一個非常難得和珍貴的天然良港，到今天還沒有一個港口所具備的自然優良環境和配套設施能超越她，包括上海、大連等港口。環顧全球的著名港口，在哪幾個港口城市可以容得下巨型郵輪直接停泊在港口的中心區，例如尖沙咀的海岸碼頭等？更有甚者，例如美國海軍以航母為主體的龐大戰鬥群艦隊都可以近距離地停泊在香港的港口區。以往在港英管治時代，據聞潛水艇也可以直接潛航至當時的中區海軍總部，即今天的中國人民解放軍總部大樓前面的那片近岸海域。遺憾的是，那塊寶地（海域）已被特區政府按照港英時代臨離場前的計劃而擴展成道路，以紓緩交通擁擠的理由漸次堆填了！這些優良的終年不結冰的深水良港就如此這般地一去不復返了！

　　香港的土地面積約1104平方公里，而水域面積約為1650平方公里，海岸線長度約1180公里。水域率約為整體香港面積的百分之十，海港的平均水深可容納萬噸級以上、吃水十二米深的船隻進出，如此優越條件，不但在我國沿海難找，就算是在世界上也是鳳毛麟角了！所以說，維多利亞港或香港的港口是上帝的恩典，是中國人民一筆十分珍貴的共同財富。

維多利亞港的重要性

　　從這觀點出發，人們可以歸納出如下幾個方面：

　　第一，維多利亞港作為香港特區在世界上有地標的作

用。

第二，經濟價值。維多利亞港是亞洲一個重要航運中心，優良和美麗的港口為香港帶來巨大的海運收益，同時帶動龐大的旅遊觀光、物流等相關服務行業的產值收益。她支撐著香港四大經濟支柱之二支柱。

第三，國防和軍事上的戰略意義。基於香港處於重要的地理位置，有水深而終年不結冰的良港，以及漫長的海岸線，優越的海空通訊設備和深厚的補給資源，此點亦是香港回歸後，美國海軍艦隊依然把香港視為其亞洲和西太平洋的一個重要補給和度假基地的原因之一。因此，若能將香港的天然和傳統海事優點有效和有序地整合，香港港口將是一個背靠華南地區的運輸交通網絡（含鐵路、公路和空港）的國防軍事上堅實可靠基地，背靠大陸、面向太平洋和我國兩大列島嶼西、南沙諸島，構成犄角之勢，大大增強我南疆海域的安全系數和海上防護的快速應變能力。

決定維港堆填的權力來源和政策

推動維港填海和海域內填海政策的出台和執行，均在特區政府手中。這些官員按照有關法例和所謂土地需求而制訂，但具體規劃則由半官方的城市規劃委員會決定和一個命名為「海港及機場發展委員會」推薦。一貫以來，該等委員會並沒有把上述第三點作為考慮的理據，純粹出自香港自身和地產發展項目為考量點。

從上世紀80年代中期，中英前途談判決定香港要在1997年回歸中國後的二十多年中，港英政府開始了大量填海工程，特別是維港添馬艦總部附近一帶和昂船洲前海軍基地的填海工程。其後，特區政府一直秉承港英的填海策略，從來沒有停止過。最近幾年，由於香港社會人士的環境保護意識開始高漲，通過了《保護海港條例》和採取司法覆核與政府

對簿公堂，才使一些填海的計劃暫時擱置。但此舉並非長治久安之計，變數仍多。其實香港特區範圍內可供發展和利用的土地是不缺的，例如新界和大嶼山等地方，成本亦不會比用填海的辦法昂貴。

結　論

基於上列的陳述和考慮到香港的未來發展，容許特區政府在本港胡亂填海，從而從根本上破壞了香港作為中國漫長的海岸線中最優良的港口，乃是一個徹底錯誤的做法。環保是一個重要的考慮點，但從中國國防事業的角度評估，香港的港口是十三億人民的共同財產，有不可取代的國防和軍事價值，任何妄自改變香港的優良港口和海岸線，都會危害到國家未來的海洋事業和力量的可持續發展。從這個觀點和高度審視香港任何填海工程的策劃，都茲事體大，不容忽視。

我的意見

隨著國家提出「一二五」規劃的出台，我們有如下的意見：

（一）　基於《基本法》列明香港特區的外交和國防均屬中央的權利，因此，可將維港及其海岸線堆填的最終決策權收歸中央管轄或審批，以符合國家整體利益和國防事業的可持續發展。

（二）　要求香港特區政府就歷年來已經填海的和在計劃中填海的方案的重要資料和信息，上報中央有關部委批閱，在未有得到定案前，終止執行。

（原文發表於《前哨》雜誌2012年1月號）

「國民教育」辨析
——「洗腦論」與偷換概念

2012年10月

前　言

　　人類社會從茹毛飲血到聚族而居，經過漫長的發展與鬥爭，根據各自的種族、文化、歷史因由，地理和地緣政治等因素而出現了以國家為主體的管治形式。至今，世界上大大小小的國家合共有一百八十多個。從政治制度上來粗分，可劃分為社會主義制度和資本主義制度兩大陣營。

　　今天的中國，即於1949年成立的中華人民共和國是被公認為唯一代表中國和人民的合法政權。香港是中華人民共和國的領土，中國政府自1997年7月1日起從英國殖民者侵佔了一百五十多年後恢復在香港行使主權，根據中華人民共和國憲法第31條在香港成立特別行政區；通過基本法的制訂，在香港實施「一國兩制、港人治港、高度自治」，五十年不變的治港政策。是故，香港可以按照「一國兩制」下的情況，即香港原有實行的資本主義社會的生活方式和法律制度，若沒有抵觸基本法的前提下，可維持五十年不變。換句話：香

港可制訂其公民的權利和義務等社會契約，同時通過公民教育等手段，使民眾明白和認知個人與集體的相互關係。由於歷史的因由，基本法也明確指出香港的永久居民——即擁有香港永久居留權的人不一定具有中國藉的身份，惟香港特別行政區的行政長官和主要的司、局級官員則明確規定要由擁有中國藉的香港永久居民擔任，不能擁有外國居留權。行政長官更須要年滿四十周歲，連續居港超過二十年等基本要求。此外，亦要求香港特別行政區的領導班子要以愛國愛港的人士組成。

此外，香港的特首、司局級的問責官員，香港終審法院的首席大法官、各級法院法官，以及行政會議和立法會的議員，無論他們叫「保皇派」「建制派」或「泛民」「獨立議員」也好，在就職時都得宣誓擁護根據由中華人民共和國憲法第31條而制訂的香港特別行政區基本法，以及效忠香港特別行政區。從這個意義出發，我們見到在香港雖然英文也和中文享有合法官方語言的地位，香港仍舊是施行英國習慣法的地區，香港的終審法院和高等法院的原訟和上訴庭等均仍有和任命外籍大法官審訊案件，如有需要訴訟雙方亦可從英國聘請御用大律師代表出席在香港法院進行法律訴訟和替當事人進行辯護。這些事情只不過充份說明中國政府堅決執行和按照基本法辦事，並非亦不應該被解讀為在「一國兩制」下的香港在統屬權上，在終極的管治權上，是與中華人民共和國政府並駕齊驅的雙頭馬車或互不統屬的管治實體。

香港只能是按照中華人民共和國憲法第31條下而成立的特別行政區，而其存在的有效時間則自1997年7月1日至2047年6月30日止。在基本法實施其間，香港所施行的一國兩制仍是以居於香港的中國人為管治主體。香港特別行政區政府除了要按照基本法有效的治理香港外，更有憲政和道義上的責任去推行和宣傳國民教育，認識和熱愛自己的國家和民族是責無旁貸。國民教育歸根結底就是愛國教育，目的就是向

我們的這一代和下一代強化灌輸和培養愛國情懷。

以史為鑑，可知興替

當我們回顧中國近百多年來的歷史，即自清末的18世紀以降，由鴉片戰爭，到八國聯軍入京，列強在我國分割設立了大、小租界，制訂領事裁判權即治外法權，奪我海關自主權，對我國提出「門戶開放」「機會均等」的門羅主義等。西方列強，包括那些向我們宣揚和高喊民主、自由的西方國家，例如英國、法國、美國等覬覦中國的領土和資源，磨刀霍霍地進行侵略和瓜分勢力範圍，要求割地賠款，中國幾陷於亡國邊沿。其後辛亥革命推翻滿清政府，結束了千年的封建帝制，成立中華民國，使當時有志之士對國家未來萌出一線曙光。但經過百年的滄桑，中國仍逃不出西方帝國主義者的侵略魔爪。其後，日本軍國主義的興起，以大東亞共榮圈為侵略借口，在中國北京近郊興平縣發動「七七」盧溝橋事變，向中國發動全面的侵略戰爭。中國人民上下一心，軍民團結，經歷八年的艱苦抗戰，和世界上以平等待我的國家和民族團結戰鬥，才得以打敗日本侵略者。這已是六十七年前的往事了。

「沒有共產黨就沒有新中國」這句話難道是錯的嗎？

其後，中國發生國共內戰。結果歷史告訴我們：人民選擇了中國共產黨，國民黨領導的中華民國政府只能退守台灣去了。

1949年10月1日的前夕，以毛澤東為首的中國共產黨人聯同中國各民主黨派和人士召開了中國人民政治協商會議，籌組新政府，其後宣告新中國的誕生，在以中國共產黨為主要領導核心的中華人民共和國成立後，向全世界宣佈新中國是一個實行社會主義制度和以社會主義法制為基礎和主導思想的國家。因此，「沒有共產黨就沒有新中國」這句話基本

上符合客觀的歷史事實。

　　從新中國成立至今天所走過的六十三年歲月，並非一帆風順，而是滿途崎嶇。鄧小平倡導下的改革開放，使中國的經濟發展成就舉世觸目，但隨之而衍生的官僚貪腐、貧富懸殊等問題也日趨嚴重。此點，胡錦濤等一眾領導人亦坦然公認。當然，人們如果要從當今中國社會和中國共產黨身上找辮子、尋沙石、挖瘡疤，相信順手沾來也不少。但如果人們從積極方面去想，為何當今之世尤其是西方資本主義經濟體系和國家被受金融風暴冲擊與掉進國債危機的時候，中國安然渡過，這說明了一個客觀的事實，中國共產黨還是優秀的。如果她自身不優秀，怎麼能在短短的三十年間，一躍成為世界上舉足輕重的經濟實體，被世界視為經濟奇蹟！

今天中國的領土完整依然受到多方威脅

　　現在讓我們撇開經濟，再談談中國的處境。我們若和六十三年前比較，中國無疑是比以前強大了，我們已擁有相對強大的軍事力量和科技知識，但中國對任何一個國家，包括我們近鄰的國家，從來都不存有任何侵佔領土的野心和挑釁行為。雖然如此，但我們卻仍遭受到一些鄰國對我們領土的侵蝕及威脅。所以，我們今天的處境還是十分令人憂慮和不可掉以輕心。我們的危機還沒有隨著歷史的發展、時間的推移而減少。總體分析，這些危機來自兩方面：第一，內部的分離份子，受到外國勢力的唆擺和搧動，在新疆和西藏兩地，進行明與暗的分裂祖國的陰謀和活動；在台灣，今天台獨勢力依然囂張，企圖把台灣從中國母體分裂出去，在民進黨執政期間更全力推行去中國化的政策和行動。第二，來自外部的威脅，在我國鄰近地區的一些國家妄圖侵佔我國的神聖領土。在東面，有日本妄圖侵佔歷來是我國的固有領土，即釣魚台列島和附近相關海域；在東南方，有菲律賓和越南

在覬覦我西沙和南沙諸群島，霸佔我國島嶼，掠奪我海上資源；在南面，我國藏南地區為印度非法佔領的土地面積竟達二十多萬平方里！

高舉愛國旗幟，積極推展愛國教育是必須的

凡此種種，都一一說明，假若中國不強大，不團結，不強調培養愛國心，跟著外國的尾巴擺的人，便高喊要「中國人在國民教育上說國民教育不能硬推，過份強調培養愛國，或弄巧成拙」，又說：「國民教育切忌狹隘國家利益至上」，「教材必須正反材料都並存……唯有全面掌握真相，認同感才會更實在。」這些令人心寒的言論，竟然會出自當了十幾年的前中央政策組的首席顧問劉兆佳教授口中。此外，更有很多似是而非的言論大量刊載在以反共為己任的《蘋果日報》上。當然，對共產黨有看法，或不同意馬克思主義的理論和思想，是可以接受和理解的，但通過以反共方式而進行反華活動則令我輩中國人難以接受了。劉教授自我表白並未有細閱《中國模式國情專題教育手冊》便妄下結論，胡言亂語，說甚麼國民教育必須令下一代充份了解「一國兩制」，以及認識港人的權利及責任與內地公民有何不同，如香港保留原有的自由制度同人權保障等等。

所謂對「一國兩制、港人治港、高度自治」的認識與了解，和推行國民教育的主旨、目的是兩個不同的範疇，不能混為一談。只要有國家體制存在的一天，國民教育都必須要執行，因這關係到一個國家的可持續發展。是故，國民教育乃千秋大業也。而「一國兩制」的實施乃是權宜之策，是中央政府考慮到香港的特殊歷史背境等因素而制定的。以五十年作為時間廊，讓香港同胞有充裕的時間去適應、習慣和逐步回歸中國母體。具體地說，這是一個有序的融入過程，而非邁向兩極或分離的過程。

　　奉勸劉教授及一眾所謂高級知識份子，有空多翻看中國近二百年的歷史，中國哪有條件像納粹德國及日本軍國主義般實行狹隘國家利益至上的心情，睜開你們的眼睛看以自詡世界憲兵為已任的美國山姆大叔，以其強大海、空軍事力量，聯同亞洲一些國家正在對中國進行圍堵。在這樣的國際氛圍下，你們還在裝模作樣地扮中立，扮客觀，扮國際公民，去挖自家的瘡疤！

國民教育不能照搬歐美的一套

　　有位中大香港教育研究所的客座教授曾榮光先生直言：若以美國的國民教育課程為例，國民身份認同是建基於契約關係，意即任何種族只要同意憲法所訂明的權利與義務，就會產生對國家的歸屬感。然而，本港的國民教育課程指示，國民身份的認同卻建基於族裔民族主義，不符本港多元民族社會的需要，非華裔學生也難以認同「血濃於水，同根同心」之情。

　　曾教授這翻言論表面上堂而皇之，並引美國的例子以佐證其論點。但經深入思考下，其繆誤有二：其一，美國建國的基礎及歷史和中華人民共和國建國的基礎及歷史不能類比。美國立國二百多年，是一個由移民組合而成的國家。其所屬土地上的原住民基本上在美國脫離英國殖民統治時雖不至被趕盡殺絕，也所剩無幾了。所以她沒有歷史和文化的依托和根，亦沒有「民族」或一個所謂「美利堅民族」。所以，她只能夠以公民契約的關係來構建。而中國是一個有三千多年歷史文化傳承的國家，縱使有多個朝代的更替和變遷，但主體的中國依舊是以漢族或被同化後的民族為主體的多元化民族的國家，有深厚的文化根基和歷史傳承。中國有獨立的文字，其活動範圍和休養生息基本上都是在中華大地上。第二，國民教育的目的是要具中國籍的香港特別行政區

的公民或永久居民認識中國，培養愛國心，誠如中山先生所說：民族主義就是愛國主義。關於居港的非中國裔的少數族裔問題，由於他們在香港只具香港永久居民身份而非中國公民身份，此點，我們表示尊重他們的決定，而公民教育的實施，正好彌補這一「缺失」。是故，國民教育與公民教育是可以同時並進，並不是互相碰撞或存在著矛盾的。假若擁有永久居留權的外籍公民，想積極參與本港的管治班子，成為立法、行政會的成員，可以透過提出申請，歸化為具中國藉永久居民的身份參與政治事務和選舉，從而晉身參與香港的管治、立法會的工作和議政。最近脫離公民黨的司馬文先生成功申請成為中國藉公民，便是一個很好的例子，並不存在狹隘的民族主義或愛國主義問題。尊敬的教授們，難道司馬文先生被中國共產黨洗腦了嗎？

「中國人愛國已經到走火入魔的地步」了嗎？

有位署名洪忠閣的在8月9日的明報上發表文章，就本屆倫敦奧運羽毛球冠軍戰，中國運動員林丹擊敗馬來西亞選手李宗偉後有馬來西亞華人歌手梁靜茹……為李打氣，稱為李感到驕傲，結果被「不明就裏」的網民罵。既然是「不明就裏」的網民，為甚麼可無限擴大為中國人愛國已經到了走火入魔的地步呢？在其文章的結語卻露出了尾巴來了，洪君是這麼說的：以一人之力修編了《約翰遜字典》的英國大作家約翰遜留下句金石良言：「愛國主義是無賴的最後避難所。如今，無賴們正在避難所裡垂死掙扎。」根據洪君的邏輯，中國共產黨人當然是比愛國者更該殺！那麼孫中山先生是無賴嗎？那些在抗日戰爭中犧牲的志士仁人，在上海四行倉庫堅守抗日的八百壯士是無賴嗎？在香港三年零八個月的日治時期內奮起反抗日本侵略者的香港愛國同胞，包括當時的英國部隊和加拿大部隊都是無賴嗎？約翰遜所處的年代，正好

是英國殖民主義者對外擴張的全盛時期。他作為英皇陛下的臣民，他從其祖國的侵略行為相信也能分到一杯羹。他的祖國——大英帝國，當然希望所有被侵略的國家和人民都掉棄愛國主義和沒有愛國情懷，這樣他們的侵佔才會長治久安，被侵略人民才會安心作為大英帝國的順民或奴才！這位洪君所引的所謂金句，正好充份說明殖民主義者和侵略者對被侵略國家和人民最赤裸裸的洗腦說詞。有理由相信，洪忠閣君的腦袋若不是被殖民主義侵略者換了，也一定是被清洗了！

眼下的香港，言論自由不單只是漪歟盛哉，簡直是泛濫成災了。正如曹植的《贈白馬王彪》所寫的：「豺狼當道衢，蒼蠅間白黑，讒巧令親疏」了！

讓孩子追尋自己的中國？

蘋果日報在8月12日發表一整版圖文並茂的專訪，受訪者是國民教育家長關注組的發言人陳惜姿女士，訪問文章標題為《陳惜姿反洗腦——讓孩子追尋自己的中國》。文章重點傳達一個很能觸動家長的神經就是：「你不要搞我個仔」「決心不玩望子成龍這遊戲，只希望子女做地道的香港人。」

在經歷了一百六十九年（新界九十九年）英國殖民地統治下的香港，雖然殖民地時代經已一去不覆返了，從特區政府成立這十五個年頭和今天所謂反對國民教育的洗腦活動，現今安坐在英國倫敦白廳裡和唐寧街十號的前香港殖民地主子可以開懷了，無愧於維多利亞女皇及他們的列祖列宗了——百多年的殖民地教育到今天仍在香港發熱發光。

筆者也是一個在殖民地成長的香港中國人，無可否認英國管治殖民地方法是有成功的一面，其法治精神和制度、有效率的管理方式是極具參考價值和借鏡，否則她怎能在過往兩個世紀裡成功地號令天下，有「日不落國」的稱譽。英國殖民者也很尊重地方文化和傳統，但僅此而矣！她並不鼓勵

和容許民族主義和愛國主義的滋長。當然，這完全可理解，因為殖民地人民如果都擁抱民族主義和愛國情懷，結果定會走上民族自決和爭取擺脫殖民統治而獨立的道路去。所以，國民教育只能以效忠女皇陛下為主旨。而公民教育是可推行的，因為它的主要目的是小我與大我，或者是個人與社會集體的行為規範即權利與義務，並不涉及民族自決和被管治人民的終極身份的核心問題。

　　筆者有一個要求，就是那些反對國民教育的頭面人物，包括陳惜姿女士等人，可否告之香港市民大眾她或他是否持有中華人民共和國香港特別行政區的護照？若為否的話，我們無話可說。因為他們本身基本上不是中國公民而是別國的公民，他不願意接受中國的國民教育和不願意看見他們所屬的子女接受作為中國國民的教育培養是天公地道的事情。假若有一天，中國與美國或其他國家發生戰爭或非常事故情況，這些持有美國或外國護照的香港公民將會乘上那些國家的撤僑輪船或飛機，回到他或她所屬的國家去了。這些人當中，相信也有些非常喜歡和熱愛中國文化的，正如前美國駐中國大使司徒雷登也非常熱愛中國文化，他在中國的杭州出生，說得一口流利的中國話，當過燕京大學校長。但當中、美爭執的關鍵時刻，其美國國民身份便即時發酵了，他只能站到美國利益的一方。曾被毛澤東引為好朋友的美國作家斯洛，即《西行漫記》的作者，他只能對中國的情況表示同情和諒解，而不能違反其作美國國民對美國這個國家應盡的責任和義務。

　　所以，那些持有外國護照者聲稱只希望讓子女成為地道的香港人，只是一個謊話，因為他自己對香港，對中國基本上是沒有投入國民責任的承擔。因此，那些作為香港的中國公民和特區政府有責任和義務，去讓我們的孩子從小就開始去認識和了解自己的祖國，這是我們對列祖列宗一個應盡的責任，而不是讓孩子自己去追尋自己的中國。國民教育就是

通過有系統，有序地灌輸正面的訊息，正如很多家長在孩子小的時候，希望他們能進入名校就讀，為他們安排參加各式各樣的課餘興趣班或體育活動，或把孩子從小就送到外國讀書等。凡此種種，家長都是按照自己認為對的便施予孩子，基本上不會問准孩子然後進行，國民教育也作如是觀。

當然，當他們長大了，有獨立思考後，他們有權按照自己的喜惡決定各自對自己命運和處理國家的去留，但起碼讓他們知道作為一個生而為中國人的權利和義務。同時，我們也不能百份百保證他日後不會變為漢奸，出賣國家和民族的人，我們不會因為有可能存在這個不可預知性因素而放棄國民教育的施行。正如家長把孩子送入他們心儀的學校或學習彈鋼琴，並不保證孩子日後定能成材或成為鋼琴大師，但這是上一代對下一代應盡的義務和責任。

我們可以讓孩子學習和鼓勵他們去追尋自己的理想，但同時在他們成長過程中應該給予適當的指引、環境和教育，知道遊戲規則等正能量的輸入是必須的，把國民教育視為洗腦的說法是危言聳聽，不負責任的行為。國民教育的推行，不單止是我們這一代人應盡的本份，也是世世代代中國人應盡的本份事情。

說到這裡，我不期然的想起那位臭名昭張的，並已蓋棺定論的大漢奸汪精衛，他曾經也為自己投靠日本人，出賣中華民族的行為自辯，他說投靠日本人是一種「曲線救國」行為，目的是為減輕中國人民在抗日戰爭中的傷亡，最終達至與日本皇軍主子共同分享共榮共存的大東亞迷夢。如果單以對中國文化的認知和對中文語法的靈活運用，汪精衛的中文講演技巧、中文詩詞、對聯和書法均可視為近代政治人物中的一個大才子。故此，熱愛和專長於中華文化和愛國心是沒有必然關係的。所以愛國教育的重中之重，是培養那一顆中國心，那一份民族自豪感、民族自尊心的國民心態。一個沒有民族自豪感、自尊心而只有分別心的國家是不可能會有前

途的。如果國民教育的推行，便是「洗腦」的話，相信汪精
衛在九泉之下假若仍有一丁點的中國心，也祈望能有機會接
受「洗腦」，以期洗擦他作為漢奸的臭名。

結　語

最後順帶一提的是，有位名叫鍾祖康的在蘋果日報上
說，給孩子國民教育等同給孩子吃屎。這些話出自一個向全
世界公告：「來生不做中國人」一書的作者的人有說服力
嗎？當然，我們十分尊重鍾君來生不再做中國人的決定，
也沒興趣去探究他來生最想當哪國的人，但奉勸他在雙目未
閉、一息尚存之前，還是要緊守作為中國人的本份為好！

記得法國大革命期間，有位偉大的思想家講過：自由，
多少罪惡的勾當都是假汝之名而為。當今之世，無論是什麼
樣國家，什麼樣的自由、法治社會和政治體制都有一個共通
點，就是沒有當「漢奸」的自由，沒有當「叛國者」的自
由，而國民教育就是針對這種「自由」的一服預防劑。

（原文發表於《前哨》雜誌2012年10月號）

香港與內地關係的反思

2013年7月

前　言

最近出席有一個名為「香江智匯」主辦的論壇，題目是：《香港與內地關係的反思——傲慢與偏見》，主旨是探討香港回歸祖國十六年的關係。

雖然，我作為升斗市民，在會上只有聆聽那些高高坐在台上的專家、學者與議員們的滔滔議論，但論壇散後，在回家的路上，這個議題卻纏繞在腦海中，揮之不去，心情忐忑，感受殊深。因此，借主辦單位的題目，抒發我對這個問題的幾點反思。

中港兩地關係的基礎

根據中英聯合聲明，中國政府於1997年7月1日在香港恢復行使主權，為充分考慮到香港的特殊歷史狀況，按照中國憲法第31條，在香港成立特別行政區，實施「一國兩制、

港人治港、高度自治」的方針，五十年不變，並同時成立以港人為主體的基本法起草委員會，制訂香港特別行政區基本法，其終極目的是使經歷百多年殖民統治的港人有一個較為長遠和寬鬆的適應期，漸次而有序地回歸祖國的母體，而非確立或發展為兩個獨立的主權體系。

香港自古以來是中國領土，雖然在19世紀淪為英佔殖民地，惟其基本身份不變。因此，香港與世界上自二次大戰後紛紛先後脫離殖民統治獨立為一主權國家的殖民地不同，她不叫「獨立」，而稱之為「回歸」。故在中英前途談判中，英方雖曾試圖將香港列為談判的一方，均為中國反對，而最終只能把港督列為英方談判團的一位成員。所以，在中英聯合聲明和相關文件中均明確指出：英國政府於1997年6月30日將香港主權交還給中國政府，而中國政府是在7月1日恢復行使對香港的主權。因此，一國兩制下的香港必須服膺香港乃中國人民共和國憲法下的一個特別行政區。香港特別行政區除了享受到與全國其他省、市、地方不同的待遇、優惠與特殊照顧外，也必須按基本法履行其應盡的憲制義務和責任。

香港回歸十六年來的爭議

自中國政府在英國殖民統治者手中收回香港領土並恢復行使主權，基本上都能按照憲法和基本法的規定，恪守「一國兩制、港人治港、高度自治」的大政方針與原則。當香港處於國際金融大動蕩、沙士危機等艱難時期及時伸出援手，推出CEPA、自由行旅客等優惠措施，和最近的人民幣離岸中心之設立，穩定了香港的經濟危機和可持續發展；成功爭取百多個國家對香港特區護照持有者的豁免簽證的待遇，都體現中央政府對特區政府和民眾的殷切期許和關懷。香港特區政府亦享有不用向中央政府上繳任何財政盈餘或稅項的特

殊待遇。誠如中國歷朝歷代所奉行的儒家治國理念：父慈子
孝、兄友弟恭。惟該等良好願望，並沒有得到香港特區的良
性推動，相反地，更逐步往反方向發展。

基本法第23條立法的爭議

根據基本法的規定，香港特區有憲制性的責任和義務就
23條進行立法。其主旨是確保：

一、禁止任何叛國、分裂國家、煽動叛亂、顛覆中央人
民政府及竊取國家機密的行為；

二、禁止外國的政治性組織或團體在特別行政區進行政
治活動；

三、禁止特別行政區的政治性組織或團體與外國的政治
性組織或團體建立聯繫。

這三點對於維護國家的主權、統一和領土完整、維護香
港的長期穩定和繁榮是非常必要的。

但香港有某些團體和人士卻堅持反對就23條進行立法，
聲稱若立法後，香港將會發生白色恐怖和共產黨的法西斯管
治等蠱惑人心的言論。試問當今之世，有哪一個國家，哪一
個政權包括所有奉行民主憲政的國家，沒有立法禁止如基本
法第23條所要求的法律？

更重要者：（一）假若第23條立法後，任何人士若干犯
該等法令，將會在香港特別行政區的獨立司法機構即香港法
院進行聆訊和裁決，按香港獨立的司法程序進行，而並非將
有關人士移交中國內地進行審判。除非那些反對23條立法的
人士認為香港的司法制度或三權分立的法治精神在本港已不
復存在，否則他們是心裡有鬼，否則何來懼怕叛國或分裂國
家等罪行的指控，所謂平生不做虧心事，半夜敲門也不驚！

（二）基於一國兩制下的香港，中央只在國防和外交兩
個領域內不歸特區政府管理外，香港進出入境的管理都由特

區人民入境事務處管理，若沒對23條進行立法，香港豈不是變成中門大開，如無掩雞籠，任何人士包括中、外人等若做出任何叛國或分裂中國國家的行為都可隨時大搖大擺的進出本港，或公然煽動分裂行為而無所顧忌。那麼，如果您是中央政府能安心嗎？

基本法解釋權的爭議

香港有某些人披著法律的外衣，高喊法治精神萬歲，霸佔著法律的道德高地。當每次有需要進行人大釋法時都說這會傷害香港的法治，是真的嗎？

全國人大常委會擁有對基本法最終解釋權是完全符合憲法和基本法的規定，也是體現中華人民共和國和中央政府恢復對香港行使主權的重要標誌。

在這問題上，歐盟提供了一個非常清晰的例子，英國前首席大法官湯姆‧賓漢（Tom Bingham, 1993-2010）被譽為二次大戰以來英國最偉大的法官，在其著作：《法治——英國首席大法官如是說》一書有如下的論述：

> 當英國接受《羅馬條約》加入歐洲共同體時，國會於一九七二年通過了《歐洲各大共同體法案》。該法案實質上規定，歐盟法在我國具有法律效力，歐洲法院向來是歐洲共同體的最高跨國法院，擁有釋法權……如果本國法院在審理案件時，必須解決一個有關歐盟法的問題才能做出判斷，但這一個問題的答案並不清楚，那麼，該法院可以（如是終審法院，則必需）將這一問題提交歐洲法院裁決。這一程序並非上訴——因為最終是本國法院進行裁決——但是有關歐盟法的問題必須依據歐洲法院的裁決才能解決。

　　因此，英國必須遵循歐盟條約、條例和指令中制定的歐洲法律，還有歐洲法院的裁決，這些都成為了英國法律的一部分，英國法庭必須予以執行。從「法治」角度來講，這是沒有問題，因為（依據《歐洲聯盟條約》第六條）歐盟建立的原則之一就是「法治」。

　　因此，人們不禁要問那些飽讀和標榜英國法治精神的學者和民主人士們，為何若尋求人大釋法便會削弱香港的法治和法治精神，其理何在？說透了他們就是選擇性的接受基本法，如果基本法有些規章條文不利他們之私心慾念，便拋出什麼「公民抗命」「佔領中環」等，藉著香港普遍群眾等對特區施政的不滿，煽動群眾、挑起紛端，在那似是而非的幌子下，引發社會動蕩和不安，大有向中央政府實行逼宮之勢，企圖令中央政府屈服。如果此招得逞，香港若有幾十萬人上街要求香港獨立，成嗎？他們中間有些人可能懷著「為民請命」，為港人爭取最大利益，但結果可能是好心幹壞事。

　　我們要牢記，香港只是中華人民共和國的一個特別行政區，將主權在民的這概念解讀為香港7百萬人可以「公民抗命」的方法決定香港的管治模式是一個不現實和錯誤的想法。任何企圖偷換概念以達非分之想的人，都應該清楚明白1997年7月1日是香港回歸中國，同時是中國政府恢復對香港行使主權。換句話講，香港的管治模式，包括政治制度和法律制度等安排，都是中華人民共和國中央政府的主權範圍的事務，並須嚴格按照人大常委會頒布的香港特別行政區基本法的規定，和按全國人大常委會所釐定的辦法及框架來處理香港特區事務，包括政治體制和特首與立法會選舉的相關安排。

　　香港的未來和利益，只能夠服膺和嚴格按照基本法的規定執行，加強香港和內地的互信，而不是以挑戰基本法、挑戰中央政府的心態出發，我們才會有更大發展和活動空間！

立法會每年進行的六四動議辯論是符合基本法的規定嗎？

回歸十六年來，香港立法會主席都容許立法會進行六四議題辯論，我認為是一起嚴重違反基本法的行為。發生於1989年6月4日天安門事件的問題，基本上是中國的內政，對該事件如何定性，中央政府已有定論。如是否平反、如何平反乃中國政府的內部事務，並不涉及香港任何有關公共利益的問題。

因此，按照基本法第3節第73條的規定下，立法會所被賦予行使的十項職權中，並沒有授權賦予香港特別行政區的立法會可以對任何主權國家包括中華人民共和國在內的主權內部事務進行辯論的。所以，在立法會議事廳內進行有關辯論是不恰當和有違基本法的規定，是違憲的行為，與言論自由拉不上關係。

當然，若議員們在立法會以外的場所，例如參與維園六四集會遊行等是沒有問題，正如廣大市民一樣，只要如法如理地按照基本法賦予享有言論自由和集會自由等。作為立法者應清楚明瞭什麼叫法治，什麼叫依法治港，議員們自己也不尊重基本法，那麼香港與內地關係的融和又從何談起呢？

國民教育與本土主義的抬頭

前些時，國民教育事件引起的紛爭令本港社會進一步撕裂。當然，國民教育的具體內容應涵蓋哪些科目和使用哪些教材等，是可以通過協商和理性討論來處理，而不應由反共的情意結來主導。

那些反國民教育大聯盟的人，大都披著為孩子們和香港下一代免受共產黨意識形態的赤化，自稱只要中華文化，熱愛中國歷史，說愛國不等如或不必愛黨。但是，假若如果不從學習中國近代史入手去了解，去分析中國共產黨在由晚

清、民國到中華人民共和國成立至今天所發生的歷史事件與進程，和共產黨的功過史實，卻單憑既有政治立場去否定中國共產黨，並以此為據，上綱上線地否定中華人民共和國的合法性和認受性，真的是愛國者行為嗎？是學者和教育工作者該持有的客觀態度嗎？他們這些人既公開地反對由中國共產黨領導的中華人民共和國，也鄙視退守台灣的中華民國政府，他們心中的中國只是歷史上的中國，文化上的中國，烏托邦的中國，並不是現實世界中為絕大多數國際社會認同的、有獨立主權和代表十三億中國人民和土地的中華人民共和國。故此，他們最多也只能被尊為中國歷史或中國文化愛好者而矣！

在特區成立不久後，便在中、小學校取消中國歷史科作為一門必修之科目。這事在港英殖民地時代的政府也不敢實施，反而被在中國政府恢復行使主權下的特區政府給取消掉！請問那些高喊守護孩子而進行反國民教育的人們，對在香港取消中國歷史作為中、小學校的必修科這個重大議題又是如何地表態的呢？對通過修改教育政策的手段來剝奪孩子對祖國歷史的學習和知情權，為何這幫人卻不站出來聲討，來守護孩子們的合法傳統權益？

然則，本土主義也不一定全錯，維護本港的一些賴以成功的價值觀，例如自由與法治等是沒有異議的，但我們卻遺憾地觀察到有些別有用心的議員和人士在推行本土主義幌子下，進行公開叫囂要去中國化、去大陸化的行動是令人擔憂的。在這種思想原則指導下，必然地把香港和中國母體對立起來，把地方利益置於中央利益之上。有某言論更把中國內地民眾視為蝗蟲來論述，這是一家人的應有態度嗎？而香港平等機會委員對這公然的族群歧視言論卻是視若無睹！這種鼓吹敵視中國內地民眾的心態，如果你是中央政府的話，如何向十三億民眾交待呢？所謂「無父何怙？無母何恃？」假如撇開一國而專論兩制，香港真正的有生存空間嗎？結果將

會進入這樣的一個局面，就是「民」視「君」如寇仇了，難道這是香港之福嗎？

其實，香港能有今天的成就很大程度是我們祖父輩那份肯捱敢拼搏，不怕吃苦、吃虧的精神，就是那份香港人曾幾何時引以為傲的奮鬥精神。但環顧眼下八、九十後的青年人很多都嗜逸惡勞，精於遊行、示威和喊口號去了。當然他們的如此德行，特區政府在回歸以來諸多的施政失誤、官商勾結、貧富懸殊，是起著主要和催化因素的。

這些言論與行為對中、港兩地的融洽只會帶來負面的影響和猜疑，是香港之福嗎？

結 論

香港回歸祖國已十六年，在許多慶賀的場面，人們都聽到一些讚頌和恭維的說話，什麼「一國兩制」得到成功落實等等。實情每天都有人在撬牆角，有打著紅旗反紅旗的，有高喊法治精神萬歲但自家卻離經叛道，立法者不依法而行，大學教授教人做違法行為卻美其名為公民抗命，愛國逐漸變為政治上的負資產等等，再加上一些幫倒忙的幫閒政客的愚蠢言論，大有在傷口撒鹽、火上加油之勢。

在這樣的氛圍下，香港與內地的關係能有全面而良性的互動嗎？基本法第23條被實質的閹割是香港動亂的根源，基本法雖然沒寫上愛國者治港或有要求港人愛國等字句，我亦同意若把愛國二字寫入法律條文和立定義有一定難度。但其實為何當年鄧小平提出香港特區政府要由愛國者組成？簡而言之，就是要防止一些別有用心的政客利用「一國兩制、港人治港、高度自治」的政策進行某些危害國家的行為，包括：勾結或串通外國反華勢力進行顛覆、破壞和分裂國家，與及洩露和煽動叛亂等行為。如果由愛國者治港，雖然其管治質素或效果並無絕對保證，但起碼能確保不會出現反中亂

港的局面。

　　基本法第23條的核心精神就是要求和體現特區政府應由愛國者所組成，是一條沒有明文列出愛國者三字的愛國者法律。誠如美國憲法條文並沒有明文寫上愛國者三字或定出什麼叫愛國者，但並不等如任何美國公民都可以任意妄為地做出傷害國家安全的言論或行為。最近，前美國中情局人員斯諾登的洩密事件就是一起重要的例子，斯諾登辯稱自己是愛國者而洩密目的是基於國家侵犯公民權利。雖然，美國沒有愛國者法律，但美國司法部門卻可根據和援引相關的國家安全和保密法規對斯諾登提出刑事起訴，其中主要的法律理據是：向未獲授權者洩露國家機密情報或資料。

　　因此，基本法第23條進行本地立法是完全有必要的，是防止類似斯諾登式人物或事情出現的一個重要法律機制，以確保「一國兩制、港人治港、高度自治」的方針和政策不為那些企圖勾結外國反華勢力，鼓吹港獨、分裂國家的野心人士和混進愛國隊伍的奸險小人所騎劫。

　　所以，基本法第23條的立法對中央政府來說是一國兩制下的一份不可或缺的保險單，這也是任何體制下的政府或政權都不可能捨棄的國家安全立法，這不只是觸及中、港兩地互信的問題，更重要是維護國家安全和免於被破壞和分裂的危險，這也是香港應當遵守和履行的憲政責任和義務。

野蠻與法治

——新界鄉議局就西灣村被建議納入郊野公園爭議致城市人（市民）書

2013年12月

緒　言

「樹欲靜而風不息」。我們希望能求得一個片刻安寧的日子，卻不可得。因有人興風作浪，蓄意攪分化、破壞，使原本寧靜、簡樸的鄉村，特別是位處偏僻的鄉郊，因政府強行將私人土地及土地上之房屋等納入郊野公園而導致雞犬不寧，逐令數代務農、與黃土為伍的山野村夫起而抗爭，並有封村之舉。此乃誰之過也！

有云：物不得其平則鳴。當今香港社會、政治爭鬥不斷，對稍有於自身利益不滿者，動輒便上街示威、叫囂、遊行請願，甚至有倡議「佔領中環」者。某些知識分子、政客和媒體的城市中人，卻善頌善禱，稱之為「公民抗命」，是民主、法治精神的表現。惟對新界鄉民為自身的利益與權利，為反對一些不合理的律例而挺身，卻被污衊為土豪、劣紳，被稱之野蠻、自私和置全港市民的整體利益而不顧。這

究竟是哪門子的道理？使廣大的鄉野村夫驟然覺得，莫非今天他們這些人口中所標榜的民主、法治只是城市人的專利，而那些被城市人視為「滿腳牛屎」的新界鄉民則無「福」消受！

仔細思量，其根源自古以來城鄉差別的思想作祟。城市人對鄉下人輕視的此等心態，連孔夫子也曾說過：吾不如老圃？

我們同意，整體而言，城市人的學養和教育水平等均比鄉下人較高的事實，相對地，鄉村人是較為樸實與安分守己，若不到非不得已，大多都忍辱負重、息事寧人。是故千百年來，農村社會都守持著一條準則，就是：日出而作、日入而息，鑿井而飲、耕耘而食，帝力於我何有哉！是故，尊敬的城市人，您們何曾思量過為何你們眼中這些「愚昧無知、滿腳牛屎」的鄉民今天要封村，哭訴於其祖宗靈前，走上街頭，圍立法會大樓？是「物不得其平則鳴」也！

香港社會的成功，新界人貢獻良多

自鴉片戰爭，英國侵佔香港島和九龍半島後，香港正式開埠，但仍未得見規模。其後，1898年，英國進一步與清政府簽訂《中英展拓界址專條》把新界租借予英國，為期九十九年。此後，香港才得有可持續發展的空間，為日後的發展奠定堅實的基礎。雖然如此，英國政府仍須要按照「租約」規定，履行其「不得迫令遷移、產業入官」；若要修建衙署、炮台等「均要從公給價」。此亦是新界地區與香港、九龍等地施政異殊之肇始，而非英國政府、港英當局懼怕新界人野蠻而施加之恩惠。

這亦是中國政府在收回香港主權後，就香港實施一國兩制、港人治港、五十年不變而因應制定基本法時，律有明文規定，即基本法第40條：「新界原居民的合法傳統權益受香

港特別行政區的保護」之合法、合理的延伸也。

　　在港英政府管治年代，以「發展新界，繁榮香港」，期間，雖新界農村社會在都市化過程亦受其益。然而得大利者，則是以城市人為主體的香港社會大眾與政府。當時，雖有條約明文保護，惟港英政府卻欺騙村民，以欺詐手段，單方面釐定所謂「集體官批」，將鄉民的產業權益非法限制，包括建屋等權利。此種奸詐行為，直至1977年，新界鄉議局聘請三位英國御用大律師，即傑田士、列顯倫和潘松輝研究後，呈交一份「共同意見書」，才揭破港英政府的醜惡面目。這點亦足佐證新界人是尊重法治精神，和懂得按律辦事的原則。

　　上世紀50年代，香港水荒嚴重，為了解決市民食水問題，政府在新界開闢水塘，將大量鄉民賴以為生計的農耕用水，引入集水區，逐使大量耕地因而被迫荒廢。政府並無丁點幫補，從而使新界大量鄉民被迫拋妻棄子，別井離鄉，往英國、歐洲等地，蹲在餐館謀生以養家，而有些更漂泊南洋做礦工以維持一家生計。

　　然而留守家園的妻兒、老母，在家養幾頭豬和雞隻等，冀幫家計，卻又為政府以保護環境為由實施禽畜廢料法例，強制取消。嗣後，又以有礙環境為由，對新界鄉民被迫荒廢之農地以擺放貨櫃，賺取一些生活費的機會也諸加限制。新界鄉民在自己私有土地上，以私人資金興建一間700呎高27呎的小型屋宇亦諸多限制。令人氣憤者，有些申請竟然過了二十年還未批出。上述所陳述之不公平、不合常理之事情，作為尊敬的城市人，您們真的認為新界人是野蠻、不識大體、不懂顧全大局嗎？過往百年，新界鄉民所受的對待公平嗎？

　　新界新市鎮的發展和葵涌貨櫃等基建開發，沒有廣大新界鄉民的支持和忍讓，能有今天的局面嗎？為何今天鄉民提出保留其世代家園和村落豁免於郊野公園的侵奪，若要使用

則按律賠償其損失的卑微要求安排，卻為政府與政客以保育理由和以所謂公眾的訴求、「公眾意願」 而撲殺之。敢問法理何在？公理何存？

法治與專權

英國著名法律學者約翰·洛克（John Locke）指出：

> 法律的目的不是取消或限制自由，而是維護和擴大自由。這是因為在所能夠接受法律支配的人類的狀態中，哪裡沒有法律。哪裡就沒有自由。這是因為自由意味不受他人的束縛和強暴；而這種自由在不存在法律的地方是不可能存在的。（因為當他人的意志支配某人的時候，該人又怎能自由呢？）但是一種處分或安排的自由，一如他們所列舉的那些包括對他的人身、他的行動，他的所有物以及他全部財產的處分，乃是法律所允許的自由；因此，在這樣的法律下，他不受其他人的專斷意志的支配，而是能夠自由地遵循他自己的意志。

香港是一個講法治的社會，是按律行事之地，而並非按某一長官意志，或某一利益集團、某一群體的意願。無論富與貧，亦不可以眾暴寡，以小欺大，以強凌弱，這是法治的真諦，否則與森林法何異，與公審有何分別？

今天，特區官員與政客為討香港市民歡心，以保育和維護鄉郊之名，對私有財產進行赤裸裸的剝奪，企圖通過立法手段破壞香港的法治精神和基石。嚴重侵害私有業權人的權益，以專斷意志，強加於別人。表面似乎是風光地民主，有位立法會議員，最近在街頭擺檔叫市民簽名支持政府以不公義方式將西灣村和私人土地納入郊野公園。如果他提出附帶條件是要求政府對受影響人士和村落作出合理賠償，則情、

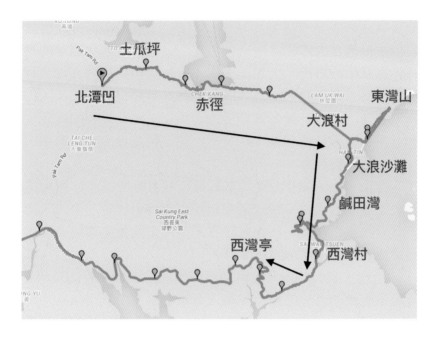

理、法俱備，法理顯彰，令人止仰。但他沒有這樣做，結果
將會淪為政府剝奪他人財產權的幫兇。

　　政府聲稱將西灣等不包括土地納入郊野公園，目的是保
育環境。先不談多年政府在郊野公園和環境保育除了假大空
之外做了什麼，其聲稱沒有把村民的土地入官，業權還在手
中，因此不構成官奪民產的行為。敢問政府當局，當土地納
入郊野公園後，和先前的土地有什麼區別？簡單而言，今後
該等土地的使用將會受到郊野公園條例的規管，在未經同意
下，任何更改土地用途，包括村屋重建、土地耕種類別，一
切商業性和非商業性的行為均不得與郊野公園的景觀和布局
有所違背，業權人雖可作出申請，但一般都不獲接納。所謂
容許村民建屋的論述，多年來只有兩間，請問能服眾嗎？

　　這種行為是單方撕毀政府與村民所持的合法土地契約，
因為該契約並無列出土地持有者須遵照郊野公園法例所附上
的苛刻條件，換句話，土地業權人雖仍擁有業權，但業權所
包括的使用權已被強制性地限制和剝奪，這不是一種明顯的

損失嗎？這不是有違基本法第105條：「香港特別行政區政府依法保護私人和法人財產的取得、使用、處置和繼承的權利，以及依法徵用私人和法人財產時被徵用財產的人得到補償的權利」嗎？我們認為政府這種行徑是變相強徵民產的行為，它是：（一）對合法期望的干涉；（二）權利的侵犯；和（三）對專斷的干涉，統言之，是一種反民主、反自由、反法治的專斷行為。

　　自由、法治的社會是建基於保障社會每個群體和個人都有表達意見的自由，法律是令這個自由得以體現和保護，而不是立法章以殘民。法律或民意不是用來欺壓小眾的工具，這是我們對法治社會的期待嗎？

　　最後，我們的郊野公園和海岸管理局已將香港1100多平方公里土地的百分之四十幾納入郊野公園了，惟還無止境地進行「霸地」行為，理據何在？按其「霸地」理據，則香港島之淺水灣、大浪灣、石澳、深水灣與鄰近壽臣山等都是風景秀麗，水清沙靚的地方，為何不劃為郊野公園好好保育之？而專向地處偏遠的新界村落埋手，選擇性地執行保育，是否鄉民可欺乎？

結　語

　　新界鄉議局在西灣問題或整個郊野公園規劃或鄉郊保育都是持支持和正面的態度，只要政府是公道而依法辦事，正如當初麥理浩倡議郊野公園之設立，本局鼎力支持和樂觀其成，此點亦得當年總督麥理浩的肯定。為何今天鄉民與政府反目，責任誰屬，相信市民大眾心中有數！誰是真野蠻，誰不講法治，昭然若揭矣！

　　願香港社會繁榮安定，政通人和！

（原文發表於《東方日報》2013年12月4日號）

對香港成立創新及科技局
的幾點意見

2014年

前　言

特首梁振英先生在其2014年的施政報告中提出成立創新及科技局的建議,是一個使人鼓舞的,也是從基本上對香港長遠的經濟規劃上別具意義,對強化香港作為國際金融中心的地位;本地科研人才,特別年青一代的科研人才的存活;外地資金和人才的吸納;法律專業隊伍的進一步擴展和壯大都有正面的意義。

(一) 我的意見

香港絕對有條件和機會成為世界科技貿易和發展中心,吸引世界主要的科技公司僱用大量的科技專業人才協助他們發展科技。目前世界上正需要這樣的一個科技貿易和發展平台,但前提是香港必須要修改它目前的科技發展法規,包括

科技貿易和相關經濟賠償法。參與世界科技開發規範的法規和行業標準的遊戲規則，得到話語權，有效地保障創意人才或者公司的「創意發展」和產權。必要時，把科技發展保障規範提升到國與國，甚至聯合國的層次。

世界上所有的科技經濟強國，如美國、英國和德國都有一套自發，符合自己國情的科技發展法規和標準來控制以符合相關標準的產品，例如醫藥、消防產品、房屋、汽車……因為這些都是綜合性的科技產品，才是主導真正的科研開發符合他們本國的科技經濟發展。而落後的國家就只能抄別人的法規和為別人強化執行和鞏固他們的科技經濟，和在世界產品推銷話語權和保護。目前香港的科技法基本上是落後地抄襲別人的法規，為別人推展和推動經濟發展。別人的科技發展規範的真正內涵和法律效應，特別在創意的科技發展平台的巧妙，很多人都不懂，香港和中國的科技發展專家審議制更加是創意科技的毒藥。

一個國家的科技發展和保護法規的合理性絕對決定了這個國家的科技能否人才輩出、提供大學培訓方向與科技經濟的發展成果。因為科技的創意是沒辦法預估從哪裡來的、什麼時候會發生、怎樣培訓或者從哪裡開始。世界上很多主要的科技創業都是自發的，比如美國蘋果公司的喬布斯和微軟的蓋茨等等。這些人的成功最需要和關鍵的支持不是金錢，而是法律保障。只有實質的法律保障和技術開發認可的平台，風投基金才願意投下大量的資金，聘請大量的專業人才開發研究，再帶動其他工業就業機會和政府稅收。

從科學特徵和應用科技歷史的發展過程顯示，無論是牛頓、愛因斯坦，到現代的神奇小子的新生代如：蓋茨、喬布斯和臉書的創辦人等；從電子科技到生化科技；到綜合性的突破性的科技發展……基本上都不是由政府主導培訓、投資協助或者預估到的。只有實質和合理的科技發展法才能夠讓世界一流的創意有機會發展，產生經濟效益。香港如果要

發展「科技經濟」就必須修改她的科技法，從而有效地保障這些創意人才或者一個公司的創意發展和產權。其實真正的科技發展過程中有很多小型「創意」的技術買賣的，很多美國的小型技術公司都是自費開發，然後賣技術成果給波音公司、蘋果公司或一些醫藥設備等的大型跨國企業。香港可以在這些領域方面發展她的優勢，提供法律平台。因為世界絕大部分一流的科技人才都是不懂寫文章；不懂和不善於言語；不懂做生意的人。他們只需要一個法律保護，安心開發技術的地方，然後他們按自己實際情況而自己解決開發資金、聘請人才等問題。如果香港能夠給世界的科技人才提供一個保障信心、獨立的專利審批和註冊機制，讓他們安心發展事業，世界上，特別內地的科技人才自然會湧到香港。

（二）香港科技保護法的初步構思

第一，目前香港政府第一步需要做的是提供一個科技開發的保護機制給有創意的科技發展公司和人員，讓香港發展成為一個真正科技發展的培育基地和避風港。由於香港的地緣因素和美國不同，香港政府應該成立一個「科技發展越境檢控基金」，跨境檢控中國內地與其他地區的公司盜用在香港註冊了的發展科技。為被盜的香港技術爭取最大和合理的法律賠償，這樣做比現在香港胡亂投資科研開發、發表沒用的論文更具效益。

第二，建立香港自己的創意科技發展、專利的註冊機制。收取合理的註冊費，為「科技發展越境檢控基金」提供財政上的支援。

第三，和中國政府達成科技發展保護與檢控機制的協議，好比美國跨洲檢控的模式，建立保護香港科技發展的專業法庭。相信中央政府這方面一定會支持香港做法的，那麼香港的科技公司也可以放心，有法律依據在中國開廠繼續輔

助香港發展科技。

只有這樣，世界上有創意的公司和人才才會願意視香港為一個適合作為科技發展的基地，僱用並發展香港的科技人才。因為開發創意的科技隨便需要動用百萬到千億的投資，沒有實質的法律保障機制，是沒有人願意在香港發展的。

（三）我所了解的科技創意人才和經濟效益

大創意的公司背後需要很多的小創意公司的技術支持，小創意的公司背後需要很多成功的創意人才……成功的創意人的背後還有更多更多的創意失敗者。無論他們的教育背景、科技範疇、性格是什麼，但是他們有一個共同點，就是每個人都願意為自己的創意理想付出很大的初步投資。這些投資的總金額是以天文數字來計算的，並且有各種各樣的輔助科技工業和金融服務、風投基金等。這些輔助工業包括新開發的實驗室設備和儀器等，如果沒有他們這些自發創業經濟，這是一個政府在經濟上無法承受的開支。美國加州的科技開發經濟根本不是有什麼政府在經濟上的支持，相反的是政府是在這方面取得不成正比的大量稅收。香港政府的經濟發展對象就是為這批人提供生存的法律空間。

（四）世界科技發展的遊戲規矩

在眾多的科技法規之中，法規和標準是香港政府必須積極參與的科技發展遊戲規範，因為它是美國和歐洲等主要科技發展國家在世界上的話語權遊戲規則。這些科技發展規範決定哪些科技可以應用，哪些科技不可以應用。世界上90%產品：從食物、醫療、飛機、建築等都屬於符合法規、標準化和規範化的綜合性科技產品，對創意的科技需求很大。如果香港放棄了參與釐定法規和標準的科技發展機制，就等於

出賣了香港的科技發展權，會嚴重地影響香港技術開發的經濟成果。

是故，香港才能充分發揮和利用國際金融中心、自由與優良的法治傳統之優勢，從而與背靠中國大陸的特殊地位相互結合，為香港的未來創出一個新天地，為香港的可持續發展奠下堅實的基礎。

最後，香港作為世界金融中心之一，如果沒有實質的科技發展工業對金融投資的需求，也基本上是一個空殼，亦不可能有彩虹的明天。

結　語

誠如梁振英在其2014年的施政報告指出，「創新及科技發展基金成立已接近十五年，但業績是令人失望的」，「雖然創新科技署已於去年年中開始全面檢討基金的運作。同時，政府正連同香港科技園公司檢視科學園及工業邨的效益及長遠發展方向」，這也許是一個亡羊補牢的辦法。

惟真正使香港能走出傳統的經濟組合方式，在四大經濟支柱外創造第五大產業，創新及科技發展局之設立是有必要的，但不能像以往只崇尚空談，什麼強化「官產學研」的現代八股，最終又是一個內耗，又是另一個使人唏噓的十五年！

從宋井到井蛙到特區政府管治

2014年7月

前　言

2014年5月13日的《明報》要聞版的大字標題日：《古井地盤交還港鐵復工，古諮成員稱不知，港鐵首認難改走線》。為進一步說清楚原委，讓讀者了解，現引述該報的報導：

> 沙中線土瓜灣站地盤發現新一批宋元遺蹟後，政府早前指港鐵已全面停工考古，但原來去年十二月才展開考古的第二個考古地盤，大部分工地已陸續交還港鐵，並同步動工建造豎井，以便日後放入巨型鑽挖機建隧道；惟豎井建造時因愈挖愈接近宋元方井和房屋遺址，路政署才要求港鐵先停工建保護牆，並需評估古蹟不會受損才復工。古諮會成員指對復工一事不知情，對能保留古物不抱希望。港鐵並首次承認，很難改動鐵路走線。

從《明報》這段報導和日後相關的新聞媒體報導，有

關沙中線在進行工程期間發掘出宋代古井一事，港鐵、政府發展局和古蹟辦並沒有於第一時間向公眾發放消息。資料顯示，第一個宋代古井的發現是2013年的事，到最近公佈已是半年後。為何港鐵、發展局和古蹟辦要刻意隱瞞？從宋代古井、古明渠、古屋地基的發現、處理和反應中，我們可以觀察到特區政府對處理古文化遺蹟、遺址與地鐵興建孰輕孰重的態度。此外，古物古蹟辦事處的工作主要是考古，而古文化遺蹟、遺址應如何妥善保存、保育，難道不是同時進行評審和一籃子去考量嗎？按香港相關的古物古蹟法例條文規定，作為該重要古文化發現，最終的負責人是發展局局長，那麼，他究竟如何平衡古文化遺蹟、遺址的保護和地鐵由此而引致工程的延誤？

宋井的啟示

究竟小小約一平方米的宋代方井為何應該受到保護？它的出現對被英國殖民統治了一百五十多年的香港別具意義。它重現人間不單深具歷史和文化意義，還有力地證明了一千年前即宋代，香港已有先民聚居於此地，並有文化和經濟活動的印記，使香港是中國神聖和不可分割的領土更形象化。有井的地方必然是人們聚集的地方，是大眾汲水之處，人聚集多了便發展為市集，成為進行貿易的場所，所謂「市井」者也。

猶記小時讀宋代柳永詞如《雨霖鈴》和《望海潮》等，不獨牽動我們的感情，更有如金主完顏亮聽到《望海潮》中「有三秋桂子，十里荷花」之句，因而有投鞭渡江之意，起吞侵南宋之心。然則柳詞流播之廣，亦實有賴宋井之功勞。宋人葉夢得曾記曰：「凡有水井引處，即能歌柳詞。」是故浮想千年前之昔日，在沙中線，該宋井之旁，隱約傳來：「今宵酒醒何處？楊柳岸，曉風殘月。此去經年，應是良辰好

景虛設。便縱有千種風情，更與何人說？」但願不會變成今日梁班子的寫照吧！

歷史的井，文化的井，可淘的古井！

這是歷史的井，其經歷了千年的沉淪與滄桑後有幸再展現在我們眼前。

說是文化的井，是因為井在中華文化中佔有重要的地位和意義，在《易經》的六十四卦中便有一井卦。古代井田制之設，亦以井為核心，在井形之中心掘井共用。此外，在《司馬法》中亦載有「四井為邑」的說法，即四處井田合成一邑，是故有「改邑不改井」。簡而言之，井在古人生活裡，扮演著非常吃重的角色。所謂文化？錢穆師云：「我們說文化，是指人類的生活，人類各方面各種各樣的生活總括匯合起來，就叫它做文化。」井不僅見證了我們的生活，包括衣、食、住、行各方面，也是我們生活的參與者。

宋井的主要意義在於其文化底蘊，它就像一棵老枯樹發出新芽，這口古井流出的將會是一股清澈甘甜的水，它滋潤著那些一度迷失和乾涸的家園情懷與文化心！

說它是一口可淘的古井，是從它所衍生之文化和旅遊產業等經濟觀點。現今世界上擁有古文化遺蹟和遺址的國家，都十分珍惜其文化遺產，而且把這些重要的文化遺產和教育與旅遊有機地結合起來，寓文化旅遊於教育、寓教育於旅遊，使古蹟有一定的經濟效益外，亦能培養其國民的文化認同、同理心、民族自豪感和自尊心，可供借鑒的例子有：一、西安秦代兵馬俑；二、羅馬地鐵站；三、土耳其博斯普魯斯跨越歐、亞的海底隧道等。

特區班子不是大張旗鼓、虛張聲勢地宣傳「西九文化中心」嗎？人們不禁要問：難道所謂文化或文化建設就是興建幾座大劇院、音樂廳、展覽館或文化公園嗎？文化不是一個

忽然橫空出世的東西，因為文化是人類群體生活的方式，有其歷史傳統與根，是一個延續的生命體。一個沒有生命力的文化，一個只剩下幾個文化硬體的空殼是令人既思念而又神傷的，例如埃及的古金字塔，只見證逝去的古埃及文明，卻失掉了與今天埃及的文化連結相通的韌帶。而沙中線發掘出來的宋井，卻古今交融，不單填補了香港文化史上的空白，而且加深了香港自古以來就是中國領土的認知，說明七百萬港人與內地人是同一血脈的中國人！因此，如何妥善地保存這幾口宋井，除了是履行法律責任之外，更重要的是要肩負起歷史和文化的道義責任。

從井想到了蛙

蛙這種兩棲動物，入水能游，出水能跳，很有點本事。以它的棲息地而言，可劃分為兩大類別：一類是棲息於河流、山澗或田野間的蛙；一類是生活在井裡的蛙兒，即井底之「蛙」。

第一類的蛙兒令人喜悅，例如宋代愛國詞人辛棄疾在其《西江月》中讚頌蛙兒：「明月別枝驚鵲，清風半夜鳴蟬。稻花香裏說豐年，聽取蛙聲一片。」蛙聲配合稻花的香，使人產生喜悅和歡快的心情，是可接受的。

另外一類的蛙兒即「井底之蛙」。今天的香港，隨著都市化發展，農村景象已難見，惟政治上的蛙兒卻充斥香港社會，這些蛙兒的鳴叫並不帶來喜悅，只使人感到煩擾、惱怒和歎息！

這類坐井觀天的蛙兒，經常以自我為中心，以小我當作大我，什麼爭取本土利益、香港為先，事事與中國母體劃清界線，甚至舉著前朝的米字旗或龍獅旗招搖過市，或當街指罵從內地來的遊客等；又或力竭聲嘶地要打倒中共，但可曾靜下片刻想想，今時的「一國兩制」是誰拍板的，假若該拍

的金鋼護身罩和「魔法」只能涵蓋立法會議事廳和大樓，一旦離開該等場所，便有身陷囹圄之險，真的是「臨危無苟得」啊！

從這十九天的「佔中」事態看來，「佔中三子」宣稱或教唆群眾「以法達義」，實質上使人感覺到的卻是妄圖「違法達義」。

當今世界的政治體制主要是資本主義制度和社會主義制度，並由此而衍生所謂資本主義國家和社會主義國家。無論奉行哪種制度，基本上都尊重和讚成自由與法治等價值。當然，由於東、西文化和宗教、傳統等的差異，對該等所謂核心價值按照自身的國情而有所保留。惟整體而言，就自由與法治方面，爭議是不大的。

就香港回歸以還，在一國兩制下，民眾所享有自由，包括：言論、集會、遊行示威、新聞自由、罷工、出入境，在拘留下獲得法律意見和公平、公開、公正的司法審訊權等權利，並沒有因香港回歸實行社會主義制度的中國而有所減少。相反地，從「佔中」十多日來，人們觀察到，該等自由已呈氾濫之勢。示威者可以隨時封鎖道路，任何車輛不可進出，包括警車或執行救護任務的救護車，公務員上班的通道均須得到示威者的恩准才放行。請問這是哪門子的法治和自由？英國首相卡梅倫在英國國會上瞎說中國政府要按基本法和中英聯合聲明去保障香港社會的自由云云，我們真的很想知道假若英國的國會大樓、首相府，各政府辦公大樓和主要交通幹道，如倫敦市中心的牛津街、攝政街、West End的Piccadilly等都像香港今天的讓示威者佔據了，請問你的政府是否也和香港特區政府一樣實行「無能而治」呢？是故首相閣下在發表針對香港時局言論時，是否應諮詢香港英國總領事館的頭兒，取得最新情況，以免貽笑大方為好！

其實香港今天出現的情況，從各種跡象分析，不排除有外部勢力蠢動的可能。但物必先腐而後蟲生，以梁振英政

府以還上至回歸十幾年來的政府，除了懂得向中央政府伸手外，基本上，都沒有一套讓市民大眾分享到經濟繁榮帶來的成果。房價飛升，交通費暴漲，大學生沒有出路，年青夫婦結婚了也不敢生兒育女，人死後也難找一安「灰」之所。

教育方面，比英治時期更差勁。作為中國的一個特區，竟然連中國歷史也讓閹割了。我們的學生已不需強制性學習中國歷史，而倡議取消中國歷史作為必修科的始作俑者，就是口口聲聲：「中國好，香港好」的中國政協副主席董建華前特首和現任全國人大和行政會議成員的羅范椒芬和李國章議員。因此，我們能要求今天的青少年學生有愛國情懷或中國心嗎？一個對自己國家的歷史漠然的群體，如何懂得從國家的利益和高度審視問題呢？

本來，我們對梁振英高大威猛的身影，也曾折射過祈望的心。但眼下，我們卻是空歡喜一場！

佔中十九日以還，梁除剛開始一兩天外，其餘時間都像「佔中三子」神隱了，直到這幾天，中央政府公告天下支持他後才陸續登場。

現今，社會因為學生的上街而均聚焦於學生，政府也以和學聯是否能進行對話而視為解決政改之爭的關鍵。唉！香港的今天和未來竟然是取決這群還是飯來張口、衣來伸手的孩子，但不要忘記，未來是今天的延續，沒有今天，哪有未來？因此當下即今天才是主題，否則香港逐漸變為一孩兒國了。

嗚呼！

（原文發表於《前哨》雜誌2014年11月號）

對當下香港社會政治形勢的分析

2016年11月

前　言

　　1997年7月1日，中華人民共和國政府重新恢復在香港行使主權，香港正式脫離英國殖民地管治。按中華人民共和國憲法第31條，香港成為中華人民共和國的一個特別行政區，並頒布《基本法》作為香港的小憲法，實施「一國兩制，港人治港，高度自治」，五十年不變的大政方針。

　　這一政策的實施，是史無前例的創舉，充分體現中國政府在尊重歷史和香港社會現實的基礎上，照顧香港人已生活於殖民地超過一世紀，習慣了資本主義社會的制度和生活方式，一時間難以融入奉行社會主義制度的中國母體而施恩以便行事的政策。希望以五十年時間讓香港循序漸進地納入母體，期望秉持在中華民族大一統，在愛國、愛港、愛鄉的前提下與全國人民一道為中華民族的偉大復興而同心同德，起碼能在求同存異的原則下，把香港建設成為中國的模範城市，而不是轉化為一反華基地、動亂根源。

目前的政治形勢

今年是梁振英政府的最後一年任期，明年初就要進入新一屆特首選舉，各路有興趣問鼎人士都已摩拳擦掌、蓄勢待發，並希望得到中央的祝福，意圖取得有利陣勢。梁振英作為現任特首本應佔有優勢，唯其四年來的管治，令社會怨氣沖天。有謂：得天時不如得地利，得地利不如得人和。梁氏致命之處是欠缺人和，自其執政以來，處處顯露其「勇於鬥爭，但卻不善於鬥爭」的性格。關鍵時刻，暴露其缺乏駕馭危機的睿智，以及欠缺承擔的勇氣，對香港整體問題欠缺客觀視野，把特區政府重要政策的先後緩急的定位錯配了，沒有充分體現中央和習主席的管治理念。

在梁氏把持下的特區政府，凸顯下列情況：

（一）「佔中」事件解讀

2014年9月28日的「佔中」事件拖延了約八十天，才能收場。該事件實質已醞釀多時，但特區政府卻沒給予應有的警覺和重視，亦沒做好反制計劃。事件發生後，處理手法進退失據，並沒有積極發動愛國力量和懲治單位的功能。清場後執法和檢控部門對騷亂份子並沒有進行消毒式的跟進。這些都助長一小撮反中亂港和港獨份子的氣焰，假民主自由的面具，蒙蔽廣大青年和學生，從而利用「佔中」作為街頭教室，招兵買馬，為日後的「自決運動」、港獨言行拓展空間，聚集力量。

今年春節期間旺角衝擊警察事件、立法會選舉、「梁、游宣誓事件」等都是「佔中事件」的後續發酵。梁振英為首的特區政府雖然就「梁、游宣誓事件」高調進行申請司法覆核，雖獲勝訴，但如果沒有人大及時出手，採取果斷的釋法行動，政治亂局將成常態。而作為特區政府這種後知後覺的行為，才是動亂的根源，為中央政府添煩添亂。

（二）錯誤的新界政策

目前，新界原居民人口約八十萬，這一族群歷來都是愛國愛鄉，支持政府的。自港英年代到回歸祖國，都是一股支持社會安定的重要力量。因此，《基本法》在制訂時也充分考慮和照顧新界原居民的權益，並在《基本法》第40條中列明「新界原居民的合法傳統權益受特別行政區的保護。」而梁振英作為《基本法》起草委員會的成員和《基本法》諮詢委員會的秘書長等職位，不可能不知道《基本法》第40條的意義，和特區政府有憲制性的責任保護原居民的合法傳統權益。

但自梁氏上任以來，新界原居民的傳統權益屢受所謂「本土民主派」的尋釁滋事，特區政府不獨沒有捍衛《基本法》賦予原居民的權益，反而落井下石，更放縱和容許一些部門專向原居民的權益找茬兒，例如「套丁事件」，使新界社會人心惶惶，當鄉議局提出合理可行的解決方案，政府卻充耳不聞，或積極敷衍。最近更利用一些新聞和電子媒體大肆宣揚什麼「飛丁」等，使一般不明就裡的市民加深對原居民的誤解。順帶一提的是某些中聯辦新界部的官員，私底下也認為新界的「丁屋政策」不合時宜和不公平，應予取消。此一表態，使新界社會深感不安和憂慮，因為連中聯辦新界部的官員對《基本法》第40條的認知也有問題，難怪最近發生在新界的「套丁事件」、僭建事件、不合理的鄉郊規劃，中聯辦都似乎和特區政府沆瀣一氣。另外，我們有理由相信朱凱迪等更是和特區政府互通款曲，在橫洲事件中，蓄意歪曲棕地，混淆寮屋居民與鄉村居民的身份問題，以遂打擊新界原居民。因此，新界原居民族群為了自身的合法傳統權益將於本年12月4日在元朗舉行大會，進行申訴。若這種狀況繼續發展，則新界社會不寧，香港未來的發展和政治穩定將全面受到影響，這是自不待言的。

（三）香港政治勢力的淺析

九七回歸後，香港政治板塊基本分為兩大陣營，即建制派與泛民主派。建制派以支持中央政府和特區政府依法施政的黨派和社團為主體，例如民建聯、工聯會、新民黨和個別愛國社團、專業組織等。

泛民主派則有民主黨、公民黨、社民連、工黨及新近冒起的激進本土政治團體和各大專院校的學生組織。從最近的立法會選舉結果分析，在直選議席的成功率看來，泛民依舊領先五至十個百分點。說明回歸以來的所謂「選舉黃金比率」並沒有改變，反而今屆泛民的議席有所增加。換句話說，他們的群眾工作是有問題的。箇中原因錯綜複雜，其中包括：（一）中聯辦不恰當地參與香港內部事務，並對一些組織的純內部事務及人事安排等指手畫腳，遂引致個別團體敢怒不敢言，而導致陽奉陰違的情況；（二）特區政府施政離地，而使民心偏離；（三）香港大眾媒體並不與政府同步；（四）以美國為首在香港進行反華活動，他們目前的工作重點是放在年青人和學生身上，逐漸放棄那些舊一代的泛民人士，例如民主黨和公民黨的過往頭臉人物，而著重培養新一代反中接班人，如對黃之鋒等以高規格接待，並奉作香港新一代的民主鬥士。利用香港一國兩制的空間，以香港為反華基地，連結台獨分子和利用香港毗鄰大陸的優越地域關係，和內地的離心分子眉來眼去；（五）美國通過「富布賴特學者計劃」（Fulbright　Program），大量安排其特工人員以學者身份滲入本港各大專院校，操控所謂「通識教育」教材的制訂等，而「國民教育」一役則盡見其魔掌的無遠弗屆。

（四）外部勢力的干預

香港作為一個國際大都會，與中國大陸一河之隔，兩地民眾於政、經、商等交往頻繁。香港的電視、電台等在整個

論「島」與「賭」之間
——對特區政府提出「填島造地」爭議的一些意見

2018年11月

引　言

　　最近，特首林鄭月娥在《2018年施政報告》中提出在大嶼山之東，香港島之西之間的水域進行填島造地，以解決香港缺乏土地建屋的問題。此倡議一出，民眾嘩然。民意隨即分裂成兩大陣營，更有激烈者聚眾訴之，遊行於市。反對一方或持環保理據，或持天文地理之變化，恐未來建成之島嶼有被海水淹沒之危機，使一眾小民憂心忡忡。繼有論者擔心「欲海難填」，造島之行為會耗盡儲備。上述乃反對聲音的一個梗概。

　　填島建議其後又湧現一批支持特區政府填島造地行為的捧場客，為其搖旗吶喊。當然，當中包括一些特區政府的司部級官員，提供一些支離破碎的論據，以圖說服市民大眾，但卻使人覺得其效不彰。因此，逐有其後香港大專院校之領導人和所謂經濟學者等38位聯名登報以支持政府，試圖解

釋建島嶼的經濟效益之合理性。正反雙方各出其謀，各展奇招。其終極目的只有一個：填島造地究竟是特區政府的一場豪賭，抑或是一個實事求是，解決香港土地問題的可持續而財務上可行又具經濟價值的好方案呢？

東大嶼填島造地

　　我的看法，首先，在東大嶼填海的爭論點不是技術上的可行性，而是財務上的問題。此話何說？因為現今科技昌明，填海造地的技術是一日千里，安全可靠。中國在南海填礁造島已登峰造極，在短短幾年於茫茫大海中填出一整片土地，連大型飛機都能降落，所以技術問題已經不必擔憂。那麼，今天民眾所擔心者為何？今天香港是否真的找不到土地，而填島造地是否為一個別無他選的選擇？但從土地供應專責小組奮戰十三四個月後所公佈的初步觀察結果，似乎與特區政府下決心填島以取得土地的方案並不一致。為何政府卻急於該小組在未有最終報告之前，搶先宣佈其想法？這樣做是否會令市民大眾有一個錯覺，特區政府食言在前，而妄自尊大在後。如此以黃遠輝為首的土地小組諸君情何以堪？

　　第二，特區政府聲稱新界雖有大量土地，但收地困難，曠日持久，難以濟目前之急。難道填島又是三五七年光景的事嗎？香港在上世紀60年代開始，港英政府為解決香港住房問題，在新界大興土木，建造了多個衛星城市，包括沙田、屯門、荃灣、將軍澳、上水、元朗天水圍等，容納了逾300萬的人口。這些新市鎮的土地，大部分通過徵收私人土地及將陸地海岸線之延伸填海得來。為何今天特區政府卻以收地困難為理據，而直接一頭插進填島的倡議中？不要忘記政府所建議的填島方案的最大人口容積，只是約70萬至110萬，還不到當日新界造地的三分之一。這個論點能否站得住腳，政府是否應對民眾有一個合理的交代呢？

第三，香港土地面積約有1100平方公里，然而有約40%被劃入郊野公園範圍，另外有逾20%被劃入綠化地帶等保育區。從這個觀點看來，香港的土地規劃策略是否要有重新考慮之必要呢？按照目前香港規劃官員之心態，若填島造地竣工以後，我們有合理理由懷疑他們或以該島接近海岸，又或以海洋生態為由，又或以綠化、保留景觀為由，將1700公頃的土地劃了三四成作受保護地區。這些土地規劃會否大大削減造地建屋的初衷？當然，我們可以說政府有能力把持一切，但在政府對郊野公園和綠化地帶所表現出無能為力，難以更改，修法甚為困難的過往態度，而我們亦明白在法治社會當中，漁農自然護理處和規劃署按法律是有權將土地規劃。特區政府只能按律辦事，又如何把持一切呢？

大型基建之憂慮

事實上，從過往自香港回歸後的幾個大型基建工程如：港珠澳大橋、高鐵香港段、西九文化區、港鐵沙中線等，這些項目都超支數以百億。另一方面，這些基建項目都嚴重超時。「超支超時」，便是群眾對香港基建所歸納的兩個特點和印象。而特區政府直至今天，仍未對社會有具體說法，遑論解釋了。今天，特區政府建議要花數千億填島造地，終極或許會是一萬億！民眾的擔心並非空穴來風，是可以理解。

從政府官員所講的話，一時填1000公頃，一時填1700公頃，究竟特區政府是否草率了事，所以我們認為政府應有一個清晰、肯定的財務可行性評估報告，交代所評估的項目風險如何。一個財務可行性評估乃包括成本計算、資金投放、投資效益，特別是經濟效益與社會效益。雖知社會若無這些具體數據的分析，隨便幾千億的投資，是不應進行的。所謂學者在缺乏具體數據支持下，於報章胡說八道，在這樣的一種氛圍裡，持反對也好，附和也好，都存在很大的不理性因

素，或存失實之言。當然，任何一個財務投資都會有風險，但分析必須有所依據，並確認社會能否承擔這個風險。雖知這填島計劃乃香港自回歸以來最龐大的投資項目，成敗得失，影響深遠。

為何我們執意政府要向民眾交代財務可行性評估報告？在一個商業社會，是必然要有的，特別在今天的世界，國際的政治、經濟、金融瞬息萬變、波譎雲詭。若一個如此龐大的投資項目涉及二十年，不交代難安社會大眾之心。舉個例子，一年前中國經濟發展甚為順暢，世界經濟逐步上揚，惟美國總統特朗普上任後在約一年左右的時間，挑起中美貿易戰和奉行單邊主義策略，令整個世界貿易和經濟陷入一個極度不穩定的環境。因此，作為一個負責任的政府，如何善用財政儲備，面對社會經濟、政治動蕩，不能不謹慎而行，膽大還需要心細。

中國古語有云：「徒善不足以為政」。意思是單有良好的願望，不能作為一個國家的治理基礎，一個政策出台前要考慮周全。例如，提出東大嶼填海的積極推動者，以董建華為首的團結香港基金，我們不懷疑董先生和他的團夥的善良願景。但相信大家尚未忘記當日董先生的八萬五計劃，出發點是好的，是可以提供大量住房以應付住屋需求，但很遺憾地，計劃提出後不久，樓價大跌，負資產人數急升，銀行和金融界均亮起紅燈示警，香港有物業無物業者皆唾罵之。結果，董先生一句以不提八萬五，便宣告計劃壽終正寢。從八萬五房屋計劃，到數碼港、中藥港，都清楚說明縱然有良好的願景，但沒通過科學的論證，以及分析可能引致的財務影響，而急於求成，不但其本人因腳痛下台，使全香港的大中小業主幾乎傾家蕩產來陪葬。這個沉重的教訓，值得當今為政者緊記。在香港進行任何重大投資之前，應做好一份財務可行性評估報告，然後才決定金錢是否投入。當然，若這一萬幾千億的資金是一眾問責官員們的私房錢，小民無話可

說，但若是香港的公帑，我們就不能不勸一聲政府「Look before you leap」。

總　結

　　所以，香港市民不懷疑林鄭月娥的良好願景，勇於任事的作風。但是，這一個是香港人最大的一筆投資，不宜輕率。尤其是香港面對目前風高浪急的國際政治經濟等商務環境，我們必須要有「小心駛得萬年船」的覺悟。是故，若特區政府不向市民大眾提供一份詳盡的財務分析報告，根本這個討論應否「填島造地」是沒意思的。亦正如香港金管局提醒市民買樓，要按自己能力，就算付得起首期樓按，還得認真計算供款年期的長短和息口的波動；而且低息口的年代已經過去了。政府是否也應如此思考一下，今天之地價，在二十年之後又如何？沒人知道。所謂專家學者高調公開支持政府，社會大眾真的會相信他們能準確預測到往後三五七年、十年或二十年以後的地價？若有如此造詣，應早已囊括諾貝爾經濟學獎了。相信對經濟稍微有點認識的人都知道投資（Investment）與賭博（Gambling）的分別，在於投資是透過一系列風險評估而得出的一個結論，然後按照結論採取適當行動，它是理性與科學的計算；而賭博，就是賭博，買大小純屬運氣，如果你相信有的話。所以澳門賭博大亨何鴻燊先生雖經營博彩事業，也經常奉勸世人「小賭怡情」，正是何曾見賭仔買良田呢？當然，投資不一定成功，但可以透過計算風險承受能力，權衡我們的投資計劃。

　　作為一個負責任的政府，我們是應該為社會未來進行有益、有建設性的可持續發展並投放資源；但是「投資」抑或是「賭博」？則差之毫釐，謬之千里！所以，還是那句話「摸著石頭過河」，實事求是為好！

　　願香港明天會更好。

請多一份關懷和愛心予孩子們

　　最近接二連三地發生多宗學童自殺身亡，令人震驚的消息。死者大多是一些小學生。不其然使我們想到這些小孩子在這小小的年紀，竟然萌起輕生的念頭來？究竟是誰給了這群孩子如此巨大的壓力？是來自家庭？還是學校？是社會或是朋友們？

　　天下無不愛子女的父母，但由於基於某種原因，例如離婚，出外謀生等，尤其是對廣大的中下階層的父母而言，他們大多數都要為口奔馳，對子女的時間相應地減少了。因此在小孩子成長的主要過程中，和他們接觸最多，影響最大的應算是學校的老師和同學們了。

　　記得當我還是小學生的時候，正是香港處於50年代末期和60年代初，那時香港還是一個人浮於事的社會，一般的家庭都是捉襟見肘，更談不上放學回家看電視，和同學們打電話談天說地了。很奇怪，在那個物質條件缺乏的時代，我們看到孩子們並沒有因此而走上自我毀滅的道路。反而在物質條件豐盛的今天，發生了這些令人痛惜的事來。究竟我們在哪一個環節出錯了？

　　我，正如大多數的人一樣，並不是社會工作者，教育家或兒童心理學家，所以並不打算從上列角度去探討這個問題。但我們都曾經有過小時候，大多經歷過中、小學校的生活，與學校的老師和同學們夕朝與共，一同學習，互相切磋地成長。正所謂誼似家人，情同手足。對那時的小孩子

誰是我們的朋友？誰是我們的敵人？
——試觀中國的全球戰略路向

1993年

　　今年是中華人民共和國、中國共產黨和中國人民解放軍的締造者毛澤東誕生一百週年的紀念。

　　在以毛澤東為首的中國共產黨人領導下的工農紅軍，其後壯大成為中國人民解放軍，經歷了艱苦的奮鬥，取得八年抗日戰爭的勝利，打敗了當時腐敗的國民黨政權，結束了內戰。在全國人民的廣泛支持下，終於取得了政權，在1949年宣告了中華人民共和國的成立。其後更在抗美援朝的保家衛國的口號下，取得了勝利，鞏固了新生的政權，並使全世界對「中國人民站起來了！」這句話有了現實性的理解。中華人民共和國在世界政治、軍事上經已成為了一股不可忽視，也不容忽視的力量。

　　中國革命的勝利是經歷過不少挫折、失敗和犧牲了無數的頭顱和熱血而換來的，其中主要的因素是要有正確的領導、正確和有偉大遠見的戰略思想。中國革命取得勝利，反映出毛澤東在1925年所提出的：「誰是我們的朋友？誰是我們的敵人？這是革命的首要問題」，是正確的和客觀的。但隨著世界政治舞台上力量對比的變化，民族主義的抬頭，東

歐的瓦解，蘇聯的突變，美蘇冷戰的結束，日本經濟的迅速發展，都使到中國的共產黨人有重新去理解和分析這個偉大的戰略思想之必要。

面對著21世紀的來臨，為著順應人民的熱切期望的進一步改革開放，如何釐定我們的國策？誰是我們要爭取團結的對象？誰是我們的主要潛在的敵人？這些問題若解決不好，將會對我們未來的命運、前途有著深刻或災難性的影響！

在過往的幾十年的歷史，在宣傳、教育、軍事、政治和經濟上，中國一貫以來都以美國作為她的頭號敵人。所以在國家政策的制訂上，軍事戰略的部署上，都以美國為假想敵。在教育上，從紅領巾開始就培養對美國的敵視，從兒童的心靈上從小就烙上美國是一隻野心狼的想法。當然，在歷史上，美國曾經做出對中國不義的行為，例如門羅所提出的門戶開放，機會均等的政策（但在當時的中國境內的外國租界又何止美國一家）和美國以世界警察自居而到處干涉別國的事件屢有發生。而現實上，美國為了維護本身的利益而在國際貿易上採取抵壘政策和保護主義，從而損害了他國的利益。

但上述這些行為，仔細分析，是否只有美國才有呢？如果不是美國獨家的話，那麼我們是否會犯了以偏概全的毛病和錯誤？假若在戰略上將美國列為我們的首要敵人，是否完全符合歷史和今天的現實？我們又是否有將美國和其他的一些國家作出比較，從歷史、經濟、文化和領土訴求上總結出經驗？

前事不忘，後事之師。作為信奉馬克思主義的歷史唯物觀的中國共產黨人，應該很清楚地看到歷來對中國領土存在著極大興趣和訴求的是日本，而非美國。從明代的倭寇之亂，到八年抗戰，日本對中國的野心是昭然若揭。他們不但只曾經想在經濟上侵略我們，而且更將他們的野心和興趣付諸行動。在日本皇軍的鐵蹄下，在三光政策的執行下，多少

約辦事。所謂賠償就有如「屋裡箱，打翻火柴箱」——談也勿要談了。那種虛偽、狡詐的面貌完全徹底地表露無遺。

因此，我們有必要加深對日本的認識，從其歷史民族性、文化、政治、經濟和尖端科技等進行一些有系統和科學性的分析，好像西方對中國的所謂漢學的一樣，發展出一個日本學的研究。

我們的祖先曾經不斷地重複過一個「前門拒虎，後門進狼」的故事，其實老虎雖惡，但豺狼比牠更殘忍。老虎雖兇惡，但在馴獸師的手中，也還可以馴服一時。至於豺狼嗎？我只能答以狼心狗肺了。

歷史經驗，值得注意啊！

試論跨世紀中華民族崛起的契機

1999年

　　「為中華民族之崛起而奮鬥」，是一代偉人周恩來青年時代的勵志之言。在即將過去的一個世紀裡，中華民族無數賢能志士為這個民族崛起的夙願而前仆後繼，努力不懈。當代中國所有的建樹與成就都浸染著先驅前賢的心血。跨世紀中國之騰飛，我們不能忘卻他們的訓誨及犧牲精神。

　　世紀之交的中國，在第三代領導核心的率領之下，正處於一個承前啟後、繼往開來的關鍵轉捩點上，過去二十年來中國大陸的改革開放，使得祖國的綜合國力得到空前發展，政治穩定，經濟繁榮，人民正逐步邁向樂業安居，國際地位亦有所提升及進一步得到鞏固。1997年香港回歸，終結了百年殖民地統治的屈辱，因此，我們有充分理由為自己偉大的祖國，以及自己身為中華民族的一份子而感到自豪與驕傲。

　　我們深切體會到，中華民族要真正自強自立於世界，跨世紀的中國要真正實現騰飛與崛起，仍需要繼續的奮鬥和努力，跨世紀的中國新一代青年，在21世紀即將來臨之際，應該效法志士仁人，為中華民族在新世紀的崛起而堅定信念，矢志不移。

　　1949年以來，新中國取得了舉世矚目的成就，雖然它也走過彎路，犯過錯誤，但1979年之後的撥亂反正，以及堅

持了鄧小平的改革開放路線，其後迅速發展亦使世界刮目相看。

我們不迴避當代中國所面對的考驗、挑戰、潛在危機與浮現的困難仍極需克服與化解。對此新一代的中國青年應該為自己慶幸，雖然他們無緣參與百多年前的抗英民族戰爭，亦無緣親歷二萬五千里長征的坎坷艱難，但是他們卻有幸見證跨世紀中國之崛起，有幸迎接世紀之交的諸多挑戰。正所謂「天將降大任於斯人」，他們生逢其時。在跨世紀的歷史進程中，他們將成為中華民族自立於世界民族之林的頂天鋼樑，應當之無愧，不辱使命。

當代中國所面對的問題甚多，最為關鍵的不是政治、經濟路線的正確與否，因為這個問題在中共十五大確立堅持社會主義市場經濟及「一個中心，兩個基本點」，「一百年不動搖」已獲基本解決；也不是國企改革、下崗分流、社會治安的問題，因為這些短期的改革陣痛必將會迎刃而解。以個人的心得，我認為，為切實保障跨世紀中國之騰飛與崛起，至關重要的是發力搞好基礎建設，切實解決交通運輸問題。交通運輸是經濟建設的靈魂工程，是中華民族大一統的前提保障，是跨世紀的中國能否在未來的各種政治、經濟挑戰中能否立於不敗的關鍵，是中華民族長治久安不可欠缺的基石。

以古為鑒，可知興替。秦始皇統一六國，築馳道，令天下車同軌。隋朝大運河的開鑿，大大便利了古代南北兩地物質的交流。從清代康熙皇帝的海禁到無偶通商；從清代第一條鐵路——淞滬鐵路的修築及其鐵路網絡的發展，到改革開放後的大量國道的興建，都以不爭的事實反映出交通運輸的成效直接或間接影響了各個時期的社會盛衰及國計民生。

我們雖然在這方面已經取得一定成績，但這種成就還未足使我們擺脫由於交通運輸基礎設施嚴重滯後，從而阻礙經濟可持續發展的困窘境況，離一個先進的經濟世界強國的

指標還遠。我們仍相對落後，差距仍大，還有待努力去迎頭趕上。例如：南糧北運、北煤南運、東中西部地區發展不平衡，沿海與內陸發展有參差，城鄉發展不協調等問題癥結都在運輸方面，解決了交通運輸，也就解決了當代中國經濟發展的主要瓶頸，其他的問題也就水到渠成。

我們要從最近亞洲金融風暴中汲取教訓，所謂「前事不忘，後事之師」。泡沫經濟的發展模式，只能帶來短暫光環，但其後果可能是災難性的。因此，在面對21世紀的到來，我們的考慮應該從長、從深，不單止是解決眼皮下所發生的事情，更要通盤考慮整個國家民族安定團結，與給我們的國際生存空間。

遠景設想

中國將會擁有世界一流的公路交通樞紐、一流的航空運輸及海河運輸網絡、一流的港口體系、五個以上像香港一流的世界航運中心，那麼跨世紀中國的騰飛與發展，中華民族實現真正之崛起也就指日可待了。

俱往矣，我們即將與20世紀揮手告別；從頭越，我們即將迎接新的世紀。毛澤東主席在其著名詩篇中寫道：可上九天攬月，可下五洋捉鱉。我們需要的是這樣一種氣慨，也需要扎實苦幹的精神。放眼新世紀，我們要樹立堅定信念，我們將用自己的雙手來向世人證明，我們無愧於「龍的傳人」的美譽，直到永遠。

不可取代的家——雪災感懷

2008年2月

　　一場不可預知的持續超過十天的隆冬臘月大雪，冰封長江以南省份交通，癱瘓了陸空運輸的大動脈。尤其是適逢春運高峰來臨的時刻，更打碎多少在外省工作民工們趕歸家團年的宿願，令不知多少城鎮山區跌入黑暗、寒冷、缺電缺糧的危急境況中。中央領導為此空群而出，趕赴在大雪紛飛的山頭上、電車旁、煤礦深坑下、山區裡訪災安民。正如人們所講，這一場雪災是五十年來僅見，而領導人對災情的重視、關切和憂心也是五十年罕見。

　　大雪最後終有停止的一天，縱使現代科學如何進步，自然災害仍然是一股不可抗拒的力量。人們最關心的是天災千萬不可和人禍結合，否則民變驟生，影響社稷安危，因此如何嚴肅深切地總結因由和做好雪災的善後工作至為重要。

　　由電視熒光幕上所見，數以百萬計的民工們一張張焦慮、彷徨無助、失望的臉與歸家似箭的心，構成一幅令人既心傷又悲歎的畫面。他們主要是平民老百姓，為求生計，離鄉別井，孤身在外，胼手胝足，藉著只有一年才有一次的春節長假，趕回老家，與父母兄弟、妻兒子女共聚那短短的十天、八天的天倫之樂。但一場大雪災，把他們期待經年的願

望打掉了。看到他們拼死衝進車廂或依依不捨、落寞離開車站的神情，叫人多麼的難過啊！

在大城市裡，進口高檔房車、跑車使道路擁擠；百萬、千萬富翁有如雨後春筍，所謂：市列珠璣，戶盈羅綺競豪奢。外國名牌在國內的大城市一間一間開；房地產、股市一蜂窩的飆升；國家儲備過萬億，我們的國有企業開始財大氣粗，在外國成立公司進行購併人家的公司、企業了；單一個奧運會，我們也投進了過千億了。當然老百姓都同意對提高中華民族的自信心、自豪感和國家體面是應予讚同和支持，尤其是對某些知識份子和有機會拿到中華人民共和國護照出外旅遊或公幹的人們，相信只有他們才會有機會享受到那種民族自豪感。但對廣大的老百姓，尤其是那些別井離鄉的民工們和他們所來自的廣大農村老百姓來說，基本溫飽，「家」才是他們夢縈魂牽的命根子，「家」才是他們的一切，是不可取代的。

因此，往後如何安排做好春運的工作，如何改善廣大農村的經濟狀況，減低城鄉差別，改善貧富懸殊高速兩極化，

制訂一個現代化的新農業政策以符合中國農村人口佔全國人口的合理比例。如果農村的綜合經濟發展不上來，所衍生的不單止是農村年輕力壯的勞動力外流，與對城市人口構成壓力的問題，同時亦構成廣大農村的家庭和社會問題。

假如我們只看到城市的集中、發展和國際化，卻忽視了中國歷朝歷代均以農立國的大前提，而給予重視和優先發展，是一個忘本的行為。政府在考慮讓一些國有企業把資金轉向購併外國資產和企業的同時，是否可優先考慮將這股資金投放在改善和打造一個符合現代國情的新農業政策。

中國要達到一個和諧的社會，農村社會的穩定是一個極為重要的因素。而農村的穩定，則仰賴一個務實而以現代化的科學發展觀的新農業政策為基礎。配以因地制宜、因時制宜的土地和環保政策，那麼佔全國人口達九億以上農村人口得以休養生息。當大部分農村老百姓都能安居樂業的時候，家、國將會相輔相成，那麼一個嶄新的農業大國將會出現，和諧社會則垂手可待矣！

在中國革命進程的每個歷史時刻，農民都扮演了一個重要和不可或缺的力量，沒有他們的參與投入，縱使有正確的領導，都不能取得革命的完滿成功。所以保護和照顧他們的利益，保護他們那不可取代的家，他們將會以滴水之恩，湧泉相報於天下。

今天，該是我們為這一群勤勞和善良的廣大農村老百姓作出回饋和有所作為的恰當時候了！

從西藏歷史看藏獨的不合理性

2008年5月

前　言

　　西藏是中國一塊神聖和不可分割的領土；是青藏高原上一塊樸實而閃耀的寶玉；藏民族是中國民族（有如漢民族和其他各兄弟民族一樣）一個重要組成部分，不可分離；藏傳佛教的傳承，弘法等，不單在過往幾百年的歷史上受到歷朝中央政府的尊重和表揚。直至今天，藏傳佛教在中華大地上自由地傳播與漢地顯教互相融和，形成一個多元化的宗教文化體系。

　　中華民族經歷了19世紀中葉至20世紀初的苦難和屈辱的年代，在新中國成立的幾十年間，其中雖然發生幾許波折，但在撥亂反正後，全國人民上下一心，在改革開放的正確思想指導下，逐漸形成和邁向小康社會、和諧和穩定的局面。在這麼一種氛圍下，中國將於今年8月在北京舉辦奧林匹克運動大會，正努力做好各項準備接待世界各國參賽運動員和各國人民蒞臨觀看奧運盛事的安排，以及奧運火炬的傳遞等工作的安排。

恰恰在這個重要時刻，於3月14日西藏發生嚴重暴力犯罪事件，導致無辜生命傷亡、財物損失。與此同時，一批流亡海外以達賴為首的藏獨分離份子裡應外合，妄圖製造事端，挑起民族矛盾，分裂祖國，衝擊奧運火炬的傳送，意圖破壞奧運。在個別別有用心的歐美政客之反華言論和媒體的歪曲事實報導下，達致其不可告人的目的，陷中國於不義，極大地傷害了中國人民的感情。然而，與此同時卻掀起了全球華人排山倒海似的愛國民族熱潮。

西藏融入中華民族的緣起

回歸西藏歷史，確實曾出現過一個強大的政權，就是公元633-869年，合共236年的吐蕃王朝。期間吐蕃的贊普更先後迎娶了唐朝的文成公主和金城公主，譜寫了一段千古佳話，雙方更結成甥舅關係，而載入史冊中。隨著吐蕃王朝衰滅，自公元842年始，西藏便進入了長達400多年的分裂割據局面。藏區的各種勢力，包括區內少數民族部落貴族領主，宗教僧侶等，各佔山頭。

直至公元1247年，蒙古汗王闊端（即成吉思汗之孫）在涼州（今武威）與當時藏區深受到藏民和僧侶尊崇的薩迦派四祖（亦稱花教）的薩班會面後，雙方達成協議，其後薩班寫了一封名為《薩迦班智達致蕃人書》給西藏各地僧侶領主和頭人，勸說他們一起歸順。所以，從13世紀40年代開始，西藏就已處屬於蒙古汗國的統治，西藏民族亦從此正式邁向與融入成為中華民族大家庭。

元世祖忽必烈稱帝後，更封薩迦班智達的繼承者八思巴為國師，設立總制院，專門管理元朝全國佛教事務和吐蕃地區事務。同時任命八思巴為總制院事。規定西藏的行政事務歸「本欽」管理，宗教事務則由「國師」掌管，惟國師對「本欽」的任命有提案權，從而明確樹立了西藏地方政權的權

力架構由中央掌握管治的制度。與此同時，忽必烈更於1287年10月正式委任藏人桑哥為當朝尚書右丞相兼總制院使，此為中國歷史上第一個擔任中央王朝的藏族官員。

　　元朝滅亡後，繼之而起的明朝政權對西藏採取了「多封眾建」的政策，在宗教上給予各派藏傳佛教的大德高僧與封號，並大力扶持當時薩迦派的帕木竹巴政權（又稱帕竹政權1354-1618年前後共264年），黃教的出現已是帕竹政權後期的事。而黃教（格魯教）的始創人，藏傳佛教的偉大改革家和承傳人宗喀巴大師生於公元1357年，圓寂於1419年。宗喀巴的其中兩名弟子就是後來黃教的兩大人物：達賴和班禪，而其世系的傳承則仿效藏傳佛教的噶瑪噶舉派（即白教）的活佛轉世方式（始於1283年），該方法已在白教沿用超過800年矣！

達賴喇嘛掌管西藏政教的緣起和權力來源

　　在元、明和清初，西藏地方政府的管理權均由中央政府授權委任，基本上都是由薩迦派的帕竹政權掌管，黃教格魯派開始染指涉及西藏的政府始於公元1642年，即明崇禎十五年。其管治權乃固始汗在推倒第悉藏巴政權後，蒙古和碩特部與第五世達賴喇嘛聯合建立甘丹頗章政權，並於同年遣使往瀋陽晉見還未入關的清太宗。至公元1652年，五世達賴進京朝見清順治帝，獲封賜確認達賴喇嘛尊號。五世達賴圓寂後，其繼任人六世達賴倉央嘉措被認為行為不檢，是假達賴而被廢黜，康熙帝勒令將他起解往北京，行至西寧口外病故。康熙帝於公元1720年封格桑嘉楷為七世達賴喇嘛。

　　但西藏地區正式由五大藏傳佛教派系之一的格魯派（黃教）掌管地方政府政權的所謂「政教合一」之制度乃根據公元1751年清乾隆帝所制訂的《西藏善後章程十三條》，其主要內容：（一）授權達賴正式掌權；（二）建立地方政府辦事處，即噶廈，由達賴與駐藏大臣共同領導；（三）噶廈的

組織為俗官三人，僧官一人，地位平等。這種由當時中央政府確定下來的編制沿用至解放初期。

由於廓爾喀在公元1791年入侵西藏，清朝派遣福康安調兵17000餘眾於公元1792年反擊入侵者的廓爾喀，並收復失地。翌年，即乾隆五十八年（1793年），清朝制定《欽定藏內善後章程二十九條》，專門規定了達賴、班禪兩位大活佛的轉世靈童的尋訪，認定所要遵照執行的方法和金瓶掣籤制度，以及各派系大小活佛轉世和最終確認權在中央等體制。同時《章程》亦專門規定了達賴、班禪和駐藏大臣等職權範圍和隸屬關係等。

《章程》進一步明確規定「駐藏大臣督辦藏內事務，與達賴喇嘛、班禪額爾德尼平等」，同時中央政府又規定「（西藏）凡大、小各缺均由駐藏大臣會同達賴喇嘛挑選」以及規定「如達賴喇嘛徇私不公，准駐藏大臣駁正，秉公揀補」（清代《理藩院則例》卷62）。因此，《欽定西藏章程》實際上的將藏區的人事、行政、財政、軍事等權力集中於駐藏大臣，本質上確立的只是西藏在中央主導和監督下的地方政教合一的行政管理制度。

自此以後，西藏地方政府的組成，達賴喇嘛的權力來源和中央與西藏地方政府關係等，都有一個明確和清晰的中央規定。從五世達賴至十三世達賴的承傳和享有對西藏地方事務的管理權，是完全離不開中央政府的施予、授權和支持。同時，以達賴為首的西藏自治政府，有著不可推卸的責任與義務去維護由各大小民族組成的中華人民共和國領土的完整性和不容分裂。

從以上西藏歷史進程來看，可以理解到達賴喇嘛首先基本上是藏傳佛教五大教派領袖或大法王之一，其後所扮演的地方行政角色完全是被中央授權在藏區執行中央政府的政策。人們絕不懷疑達賴喇嘛在藏傳佛教的宗教影響力，不單止對藏族僧侶們和信眾，更因為中國政府近年來採取開放和

兼容的宗教政策，使藏傳佛教於中國各地得到了很大的發展空間，藏密信眾和有關佛學院和中心遍佈各地，達賴喇嘛作為黃教格魯派的大活佛，也是備受尊崇的。但假若十四世達賴喇嘛企圖利用宗教上對其尊崇而進行分裂祖國的勾當，則肯定是不會見容於中華民族這個大家庭的。

西藏的獨立治權？

有人指出：1959年之後，西藏已經徹底喪失了自己的獨立治權。但事實上，達賴的治權，從西藏歷史上而言，並不是必然的。他的地方行政管治權完全是中央政府賦予與授權，所以達賴聲稱或有人說達賴擁有獨立治權是荒誕不確實的！由於，從來沒有所謂獨立治權，何來喪失？

香港與西藏之比較是不恰當的

香港的「一國兩制」，「五十年不變」是一權宜之策，是中央體會到香港從一個英國殖民地回歸祖國母體的一個適應和過渡期。

而西藏在元、明、清、民國至中華人民共和國的成立前後合共810多年間，都皆是歷朝歷代的中國的一個組成部分，西藏地區的管治和地方管治架構都是由中央直接任命，中央擁有絕對的廢黜權。雖然自上世紀初一直為西方列強所覬覦，但從來不曾落入異國手中。所以，把香港和西藏混為一體而談論是極之不恰當的！

中華民族、中華文化文明與中國版圖

中華民族猶如百川納大海，是非一朝一夕形成的一個多

元民族組成的國家。中華民族這個大家庭經歷了二千多年漫長時間的磨合，才凝聚而結合在一起，並從而孕育了博大的中華文化。基於中華文化、文明的自我凝聚力、融和力和非排他性，使這個曾經一度災難重重，淪於半殖民的國家和民族從苦難中安然渡過，重新崛起，立於世界民族之林。

今天中國的版圖，也是從歷史的長河裡漸次形成和鞏固的，並非如近世紀的一些殖民主義國家，通過發動一朝的侵略戰爭而形成。

人們都得認同這樣一個事實，就是每個國家都有各自的歷史和國情、傳統和繼承下來的物質和精神財富，從而構成其本國社會和個人的生活方式和基礎。民族之間存在著差異，是一個合理而正常的現象。這恰好說明中華民族歷史文化豐富、多姿多彩的一面。雖然是存在一些差異，但它還是有其統一的民族共性，這正是一貫以來維繫著中華民族同呼吸、共命運的另一面。

在面對國家興亡、外族入侵的關鍵時刻，中華民族的各族兒女都能緊密團結起來，血肉相連，生死與共，同仇敵

懍，以保家、衛族、衛國。舉一個例子，就是現今十四世達賴的上世，即十三世達賴喇嘛其在授權管治西藏其中的40年間因受到帝國主義者的唆擺而一度萌起藏獨的歪念。他一度在當時的中國中央的袁世凱政府不批准和缺席的情況下，單方面與英國在公元1914年在印度簽訂了西姆拉條約。由於條約簽署缺乏法例依據，因此，英國人最終也只得公開承認西藏是中國的領土。雖然，十三世達賴曾經有過如此一段不光彩的歷史，但基於他也曾經二次帶領藏族民眾抗擊入侵的英國侵略者和不願意與入侵者簽訂城下之盟，而摸黑逃出拉薩，撤往內地。後來在公元1924年南京國民政府成立，設立蒙藏委員會，十三世達賴亦致函中央表示支持。因此，在公元1933年12月17日十三世達賴圓寂後，當時的南京政府，採取寬大政策，不計前嫌，派黃慕松進藏致祭。所以，我們奉勸十四世達賴喇嘛應該汲取和緊記其前世的一個教訓，懸崖勒馬，則善莫大焉！

言行不一致的十四世達賴喇嘛

無可否認，十四世達賴擁有一副謙恭和使人討好的外表，加上他每當出席公眾場合或接受傳媒訪問時那副合十彎腰、好像貌甚謙卑的一副弱者姿態，確實使人留下一個良好而深刻的印象。雖然達賴聲稱從來沒有主張過西藏獨立，從沒有分裂西藏及在漢藏民族間製造矛盾的圖謀。因此，表面上看來，達賴的主張和看法是一貫的。但事實上，十四世達賴不廣為人知的一面又如何呢？

首先，我們先看看十四世達賴的1990年出版的自傳《達賴喇嘛自傳——流亡中的自在》一書中首頁展示一張名為：西藏及其鄰國的地圖，十分清楚而明顯地把中華人民共和國變為西藏的鄰國，把新疆變為東土耳其斯坦，內蒙古和東北三省變成兩個國家，而西藏的面積卻擴張成為中國的四分之

一強，正好說明十四世達賴圖謀分裂祖國的心魔未消。

其實，他所鼓吹的所謂「大藏區」，是源自早已被掉進歷史的垃圾堆中、破產了的公元1914年「西姆拉會議」中分裂中國的圖謀之議案之一。當年，即1914年3月11日，英國代表麥克馬洪在全體會議上拋出一個調停約稿十一條，想把青海、西康、甘肅、四川、雲南等地有藏族聚居的地區劃歸西藏。想不到事隔多年後的今天，「西姆拉」的陰魂竟然仍揮之不去，莫非隨著達賴之轉世而復活乎！

如果，十四世達賴所提出的五點和平計劃，絕不是分裂中國的禍心，那麼他應該公開宣告取消目前以他為首所成立的西藏流亡政府前後宣佈的兩個憲法，即「西藏國憲法」和「流亡藏人憲法」，和規定雪山獅子旗為西藏國旗，並撤銷於世界一些地區成立所謂外交辦事處。

十四世達賴及其流亡政府與幫閒們經常指責中國政府在西藏的兩大罪狀是（一）進行種族滅絕，摧毀宗教；和（二）剝奪西藏人權。上述指控是否可信，所謂：大話怕計數，我們可以從西藏1952年至1993年間中國中央政府投放於西藏地區的一些經濟數據作出說明，從公元1952至1993年的42年間，中央給西藏的補貼如下：

●財政補貼累計達192億元；

●基建投資51.27億元（上述兩項合計已近250億元）；

●加上1994年的財政補貼和62項工程投資，這還沒有計算調撥物質。

綜合以上三項，中央已給西藏投資近300億元。相當於當年西藏人每年享有國家財政補貼和投資436.62元，這種高額支持藏區人民改善生活的狀況在全國絕無僅有，這是中央政府對藏民關心和照顧的一面。

解放前夕，西藏人口降至110萬，非農業人口不足7萬。現今西藏人口（以藏族計算）超過250萬。假如，沒有一個安居的環境、改善了的衛生條件等，人口如何會有超過一倍

半的升幅？尤其是在青藏高原地帶有如此的人口升幅，是十分不容易的事。

這些看似簡單的數據，充分說明在十四世達賴喇嘛和流亡政府在逃離西藏的49年間，藏族民眾不單只沒有被滅絕，相反地人口更以倍增，在這近五十個年頭中，十四世達賴可曾躬自反省，你對藏區人民實質上做過什麼？你的離去，除了帶走了大量金銀財寶外，傷害了廣大藏族信眾對你的依戀和信賴，就算是如你所說共產黨對你進行逼害（但我們卻沒看見任何具體的例子），如果你真的是普賢菩薩觀音大士的化身，你應該留下來與他們共甘共苦，共命運，普度眾生才是！

論到西藏宗教問題，其實藏傳佛教在西藏不只沒有受到滅絕，相反地卻在中央政府的兼容宗教政策照顧下得以發揚光大。我們經常看到在全國各地有不少藏傳佛教的活佛和大小喇嘛在弘傳密法，舉行法會等。藏地許多寺廟都得到中央專款維修、擴建等，其中表表者有布達拉宮，大、小昭寺等等。人民的宗教信仰獲得了自由，據了解四川的五明佛學院最高收生入學人數達二萬人眾。美國著名人類學家，藏學家戈爾斯坦和辛迪亞比爾（Cynthia　M.Beall）在1982年第一期的《喜馬拉雅地區研究通報》就新中國成立後的藏區人民宗教生活有如下的報道：

> 在藏民牧民生活中，不僅發生了深刻的經濟變遷，同時也導致了引人注目的文化和宗教復興。現在，西藏人民有信仰宗教的自由，牧民們（和其它人們）可以按照自己的願望信仰佛教。他們在自己的帳篷裡舉行各種宗教儀式，邀請喇嘛活佛到他們的居住地來講經祈福和巡遊佛寺。雖然，要求牧民的環境適應問題作出持之有據的結論尚為時過早。但是，新經濟政策，使地區牧民生活水平不斷提高，新文化政策深受牧民歡迎，卻是顯而易見的

事實。

故此，我們相信宗教自由在藏區不單受到尊重而在進一步發展。至於所謂人權問題，則是一貫以來是西方某些國家利用來攻擊中國的借口。其實人權問題不可以抽離國家、民族的文化背景、傳統歷史背景、宗教等而泛論之，甚至將自己的一套強加於他人身上。當前，西藏作為中國的一部分，有關民族政策是否有需要改善和改進的空間？答案應該是可以的。因為人類社會總體上是不斷的向前發展，停滯是暫時性的，所以人類社會總得不斷總結經驗，有所改進，有所作為。但假若以任何口實，妄圖分裂中華民族，分裂國土之行為則是絕對不容許的。

結　論

自中華人民共和國成立以來，中央政府嚴格履行《和平解放西藏十七條》的承諾，使西藏的社會、行政、經濟、宗教、教育、交通運輸等都有所發展，並取得成績。全國兄弟民族相互支援，從困難中團結一致，爭取勝利。我們都盼望十四世達賴能及早回頭，因為中國才是你的最後歸宿，是你歷代轉世之淨土。金剛經有云：菩提於法應無所住而生其心。希望你和流亡海外的藏族兄弟們都能夠摒除心中之我執，再不要受外國一小撮政治野心家的擺弄，他們給你什麼名譽，什麼獎項，其實只不過是要你甘心為他效一死而矣！

參考資料

1.　元代西藏史研究　　　　　　　　（意）伯戴克著

2. 達賴喇嘛自傳──流亡中的自在
3. 拉薩真面目（1905版）　　　　埃德蒙·坎德勒著
4. 達賴喇嘛傳　　　　　　　　　牙含章編著
5. 清代藏事緝要　　　　　　　　張其勤原稿，吳豐培增
6. 西藏地方與中央政府關係史
7. 喇嘛王國的覆滅　　　　　　　（美）梅·戈爾斯坦
8. 發現西藏　　　　　　　　　　（瑞士）米歇爾·泰勒
9. 唐卡中的西藏史　　　　　　　瓊那·諾布旺典
10. 清政府與喇嘛教　　　　　　　張新羽著
11. 西藏文明史　　　　　　　　　（法）石泰安

刁民夢──辛亥革命一百週年祭

2011年11月

前　言

　　縱觀中華民族的發展進程中，自有國家管治體制建立以來，歷朝歷代的統治者都將被其統治下的民眾歸類為兩大類別：一為順民，二為刁民。

　　當風調雨順，國泰民安，政治承平，則順民當道。所謂「帝力於我何有哉」！其政權則相對穩定。

　　惟當執政者貪污腐敗，社會貧富懸殊，所謂富者可敵國，然貧者無立錐之地，本來是順民的老百姓，由於既不能安居樂業，也無法休養生息，於是乎都變成刁民，揭竿而起，為自身的存活和利益而爭鬥，把當權者推翻，名為「改朝換代」。

　　因此，從這個觀點去審視中國自商周至中華人民共和國的成立，其中可以悟出一個道理來。就是朝代之興亡、更替皆由順民與刁民間相互轉化、變更而形成。國家最基本的要求是要有土地與人民，是故無民則無國。故國以民為本，得民心者，天下歸焉！居上位者，雖終日掛著吾土吾民，用西方政治術語就是什麼勞什子的「民有、民治、民享」等華

麗、動聽的語言和口號。實質上，廣大人民群眾的要求卻是非常簡單而卑微。安居樂業足矣！

　　然則，這一個看似簡約的訴求卻使原本是順民的民眾轉化為刁民，起而抗爭。為實現和追求希望能有一個安居樂業，能讓他們有機會休養生息的環境空間的千百年來之祈願，我們稱之為「刁民夢」。

　　歷史是一部由刁民譜寫和推動的實錄。

辛亥革命與封建帝制

　　公元1911年10月10日，在湖北省武昌發動的一場由新軍主導的反清政府的武裝起義取得成功。該年為農曆辛亥年，故又稱為辛亥革命。起義軍代表於翌日與紳商代表議決成立湖北軍政府，並推舉新軍協統黎元洪為都督，改國號為中華民國，掀開了中國近代史的帷幕。時至今天，仍有很多論者認為辛亥革命推翻千年帝制，居功至偉；也有人認為辛亥革命是資產階級或資本主義革命推翻封建帝制的成功典範！

　　武昌起義過去一百年了，是時候讓我們客觀、冷靜和公正地回顧這一件歷史事件，不再需要揹負所謂「黨國利益」的狹隘觀點來看問題，才能夠從多個角度去審視歷史，汲取教訓，所謂以古為鑒，可知興替也！

　　辛亥革命武昌起義成功，主要而直接因素是由於有湖北新軍約五千餘眾的參與組成骨幹力量，其戰鬥力和相關的組織跟早前的由孫中山和興中會所領導的黃花崗起義有本質上的差別。基本上，由於孫中山和同盟會策劃、領導的廣州黃花崗起義一役，已被清廷徹底瓦解，遭到「一棍清袋」的厄運。孫氏及其同黨被迫四散、逃亡海外。使人不禁唏噓地聯想到宋神宗時王安石變法失敗之經驗：施行不得其法，行法不得其人，有殊途同歸之悲，亦又一起歷史經驗說明秀才造反，難以成事，單憑滿腔熱血、理想和口號，實難竟全功！

　　百年來很多論者和史家均認為辛亥革命的功業在於推翻封建帝制，創立共和政體而光照史冊。但假若人們從清帝遜位到中華民國退守台灣至共產黨取得大陸政權這一段歷史空間，廣大的人民群眾雖然沒有了皇帝的統治，但依然在政治野心家和軍閥混戰、列強割據等的形勢下，處於一個半封建、半殖民地的境況。社會動盪，日寇侵華，後又迎來國共內戰。百姓顛沛流離，妻離子散。共和理念對老百姓來講只是一個美麗的誤會而已，刁民的簡單夢想並沒有因封建帝制的滅亡而有所改善，使廣大的刁民們更懷念和盼望「康乾盛世」的重臨。而近代進行了全面開放改革的鄧小平提出的「不管白貓、黑貓，只要捉到老鼠就是好貓」的實事求是的政策，更能深入和一步到位地直指廣大刁民們的心坎。

　　所以我們認為辛亥革命的成果就是這麼一碼子的事兒：果皮為孫中山拿了，披掛在身上，成為中華民國國父的光環；果肉卻被以袁世凱為首的北洋軍閥吃掉了，餘下的果核才歸老百姓，只有望梅止渴的份兒。

結　論

　　以辛亥革命這個歷史事件作為分水嶺，我們上溯二千多年的歷史和回顧中華民族這一百年來的歷劫滄桑和幾近滅頂的災難，我們深刻地領會和明白任何政權和統治者假若不能與民眾營造一個公平、公正和公義的社會，使他們能夠安居樂業，休養生息，任何偉大的空話、強大的國家機器都會被刁民們打得稀巴爛，就如1789年的法國大革命一樣被人民群眾送上歷史的斷頭台。

　　因為，人民，只有人民才是創造歷史的動力！

　　人民萬歲！

（原文發表於《前哨》雜誌2011年11月號）

要撤回村山富市的道歉聲明？
——致日本內閣總理大臣安倍晉三書

2013年3月

總理大臣閣下：

　　欣聞閣下去年冬日二度拜相，率領自由民主黨重新執掌政權，為日本本土自然災害後的重建與帶領貴國走出經濟低迷的幽谷的鴻圖願景，相信這不單止符合日本民眾的企盼，作為與日本一衣帶水的中國民眾也樂見其成。

　　在中日兩國邦交大我層面，相信和平發展，良性競爭，以達致共存共榮的雙贏局面，是兩國人民的共同願望。在小我層面觀之，更希望是如此發展，因為本人與大和民族之子孫有締結秦晉之好。小兒與貴國女子成婚，且育有一小女，今已升讀小學，小孫女在其母親教導下，尊師重道，循規蹈矩，對長輩執禮甚恭，充分表現大和民族優良承傳的一面。使我原先的懸念，得以釋懷，並以此一締結而心懷喜悅之情。

　　中、日兩國數十年來之發展往來，雖間有爭議，尚算良性互動，惟自上任總理野田君執意就釣魚台列嶼挑起事端（即貴國所稱的尖閣列島）。雖則有釣魚島自古乃中國固有

領土的歷史事實，我國政府依然願本著與人為善，願意先行擱置主權爭議，通過外交談判解決紛爭，但卻換來野田政府對釣魚島變本加厲的侵奪。我們以為在閣下重新執政的機遇下，事件會有化解之象。惟自閣下就任總理大臣一職所發表的言論和外交行為看，使人們感到並沒有緩和跡象，反而對中國進行了大量的針對行動，使人遺憾。在閣下就職不足兩個月內，已進行了美日聯合奪島軍演，聲稱要撤回前任首相村山富市就日本二戰時慰安婦的道歉聲明，主張圍堵中國，縱容你的內閣成員和媒體發表發反華言論。閣下並於本年1月16日出訪東盟三個主要成員國越南、泰國和印尼，煽動該等國家採取對華的敵視行動。幸好他們都深明大義，不為所動。

　　總理大臣閣下，中國的和平崛起，真的如閣下聲稱威脅鄰國和世界的安全嗎？從歷史上看，中、日雙方交往，中國何曾沾過貴國的便宜，何嘗有過侵佔貴國寸土？從中、日貿易往來的歷史看，中、日雙方的貿易都是平等互利，願者則來，當中國還處於強大的時候，並沒有強迫日本開放港口、門戶進行交易。反之日本最早被迫簽訂城下之盟的神奈川條約的對方卻是今天貴國經常掛在口邊賴以炫耀的美日軍事盟約的美國。

　　日本今天還奉行的武士道精神的奠基人山鹿素行，被日本人尊為「國人道德的權威、武士道精神的真諦」，乃江戶時代的儒學者和兵學者，汲取了中國儒家思想為養分而著作《武教全書》和《武家事記》等，與山鹿素行亦師亦友的朱舜水先生正是東渡日本的中國儒者，根據日本《文苑遺談》等記述，朱對日本二、三百年深具影響的日本思想家和學者如安東省庵、安積覺、德川光圀等都有教化之恩，在朱舜水《答水宅生順問》一卷中更明確指出：「償之視貴國同為一體，未嘗有少異於中國也。」中國絕無恃才傲物和大國心態，以君臨日本之心。

　　相反，日本明治維新後，日本漸次擺脫半殖民地，往軍國主義的道路進發。於1894年對華發動海戰，即史稱甲午戰爭，中國以戰敗告終而簽訂馬關條約，日本因此一躍而奠定成為亞洲強國。日本通過這次侵略戰爭而大獲甜頭。也得到戰爭賠款二億三千萬兩白銀，戰利品也約值一億多日元。而日本政府當年的財政年度收入只八千萬日元而矣！其後日本佔領我們台灣領土達五十年，再以西鄉隆盛的「征韓論」為藍本，置朝鮮為殖民地，滅琉球諸島國。日本軍國主義者的侵略野心自此一發不可收拾，於六十多年前發動侵華和太平洋戰爭，妄圖稱霸亞太，結果以徹底失敗收場，而日本人也深受其害。

　　中國人民在飽歷內外交困的危難中，找到和總結出自力更生、奮發圖強之路，在取得開放改革的成果後，希望在和平崛起的前提下，按鄧小平的說法：韜光養晦。雖然擁有核武器，但向世上公告絕不首先使用。環顧當今，有哪一個核武國家肯作出如此承諾？

　　其實自18世紀始，中國是一受多國欺壓的國家，中華民族受盡外人欺凌，哪有韜光養晦的本錢呢！

　　今天的中國略有所成，我們已擺脫了半封建半殖民地的處境，經濟上有所騰飛，但這些成績都是由於有正確的經濟政策和十三億人民與政府共同努力的成果，並非靠剝奪別國資源和侵略所得。中國的可持續發展需要一個安全的空間與和平的國際政治環境，但環顧當前的局面，我們不得不提高警覺。在內政方面：台灣還未回歸，在西南地區有藏獨和疆獨等分離份子在外國勢力的唆擺下蠢蠢欲動。在外政方面，南方有菲律賓和越南在覬覦我南沙和西沙領土；在西南面有廣大的藏南地區仍為印度非法殖民霸佔。縱然如此，我國政府仍舊首選以不動干戈為前提，希望通過談判解決歷史遺留下來的紛爭。如此若被解讀為示人以弱，而不是與人為善，還望閣下三思！

　　總理大臣閣下，您聲稱中國想做大國，卻沒履行國際社會中大國的責任和義務。敢問是哪些國際行為違背國際社會應盡的責任和義務？相反地，閣下發佈中國威脅論，向東盟各國挑撥離間與中國的關係，這有利於在亞太地區創造和平而穩定的環境嗎？閣下公開宣稱拜祭奉有十四個甲級戰犯的靖國神社是睦鄰友好的表現嗎？是對國際社會，特別是對太平洋戰爭中受害的鄰國們的尊重嗎？是對亡者的真正尊重嗎？是對發動對鄰國侵略戰爭的悔意或深刻反省嗎？是對大和民族的子孫和民眾真正的負責任行為嗎？

　　總理大臣閣下，今天與日本國存在所謂領土主權紛爭的國家，除了中國的釣魚台列嶼外，尚有韓國的獨島即貴國稱之為竹島以及俄羅斯北方四島之爭。特別北方諸島，主權之爭誰屬是昭然若揭。為何閣下在獨島和北方諸島的爭議上噤若寒蟬，而卻對主權爭議上理據薄弱的釣魚島盛氣凌人？莫非閣下一脈承傳了日本國第二十六任總理大臣田中義一的心法：「惟欲征服世界，必先征服支那。」又或認為中國仍然是一塊可予取予攜的肥肉？若如此，則我將替我小孫女的外公感到可悲，並同時開始為他們祈福！

　　中華民族將永不忘記中華人民共和國的主要締造者毛澤東的教誨：帝國主義者如此欺負我們，是需要認真對付的！

　　願中、日兩國人民世代交好！

　　願總理閣下吉祥！

（原文發表於《前哨》雜誌2013年3月號）

祭抗英烈士文

2013年11月

　　時維公元2013年11月30日，歲次夏曆癸巳之冬。新界鄉議局主席劉皇發率元朗六鄉主席暨新界二十七鄉諸領導與鄉眾，詣新界元朗錦田逢吉鄉忠義祠，以崇敬又悲痛之心，緬懷先祖輩烈士之義膽仁心，愛國愛鄉之壯志豪情，誓死維護新界原有鄉村、氏族和民眾的基本權益。在當時缺乏朝廷的支援下，揭竿而起，敢於以螳臂之微力，與船堅炮利之入侵者抗爭並對所施於新界社會之不公正、不公平、不公義的政策據理力爭。其情可憫，其志可嘉。壯哉！此等勇猛堅毅之精神與行止，逐使吾等子孫後人，爭取到港英政府以較為平等、合理之政策待我，才能在新界這一片土地得以繁衍、休養生息。諸抗英先烈之功德，光照日月，可一一垂丹青矣！

　　吾等今備三牲祭品、香燭寶帛、一片赤誠，奉於忠義祠前，以奠我抗英衛士諸烈士在天之靈，以報答諸烈士之功德於萬一也！其詞曰：

　　嗚乎！晚清之季，國勢日衰，列強窺伺，狼子野心，如八國聯軍之禍及中日甲午戰爭等。首叩開中國大門者，乃英國。英人藉鴉片貿易，荼毒生靈，於二次鴉片戰爭中，英國以不平等之手段前後侵佔香港與九龍半島。嗣後於1898年迫清政府再簽訂《展拓香港界址專條》，強置新界於英殖民主

義者管治。更以不合理之所謂「集體官批」，以民產入官，佔我家園，毀我盧墓。當此國難家危之秋，我等鄉先輩暨志士仁人，不計個人安危，有財者輸財、無才者出力，各盡所能，眾志成城、萬眾一心，為保衛鄉、族權益，與侵略者開展了一場波瀾壯闊的抗英行動，雖傷亡枕藉，仍前仆後繼、絕不退縮，最終迫使當時港英政府承諾、尊重和保護新界原居民的土地權益及傳統習俗，特別是相關的中國的傳統習俗得到香港法庭的尊重和認可。後更通過《香港法例》第1097章，確立新界鄉議局為政府在新界事務上的法定諮詢機構。至九七回歸前，雖新界民眾或間有對政府施政不滿之處，但尚能通過官民溝通，協商解決，互讓互諒，尚算安好！

惟自九七回歸祖國後，雖有《基本法》第40條的明文保護，但十多年來特區政府對新界社會日漸疏離；新界原居民的合法傳統權益不斷受到歧視、欺壓、蠶食和剝奪，加上現今社會不少偽民主政客的唆擺、煽動，和一些奸妄媒體蓄意制造城鄉矛盾，撕裂社會，指鹿為馬，陷新界原居民於不義。假「多數人」之名，剝奪新界數十萬「小眾」原居民之權益，是一起以眾暴寡，以多凌小的民主假、大、空行為。焉當朝執政者，不單不秉持公義，執法為民，按基本法第40條和相關條文辦事，以保護我等新界原居民應有之合法傳統權益。相反，更變本加厲，落井下石，倡議奪我丁權，縮我村界等。近者，更有以郊野公園為幌子，變相強徵民產，凡此種種，皆與港英殖民政府在入侵新界之早期狀況：迫令遷移、產業入官，和其類似也！是故民意背向，怨憤爆升。吾等心之所謂危，如實稟告於諸先烈之靈前也。

當此，新界風雨如磐之際，我等合法權益被受嚴苛衝擊之時，不得不哭訴於列祖列宗之靈前，乞先烈之庇佑，賜我等以智慧，給我等以勇氣和力量，在此艱險時刻，努力奮進，秉承先烈遺志，薪火相傳，冀為新界鄉、族和民眾爭取一個為子孫後代能夠可持續發展的安居樂業的環境，以延續

香燈，以慰諸先烈於九泉歟。先烈之功德與訓勉，我眾未敢有片刻忘懷也！

　　悠悠蒼天，曷其有極！言雖有窮，惟情不可終也。嗚乎哀哉，尚饗！

論中美貿易爭議

2018年9月

前　言

　　特朗普自出任美國第45屆總統之後，曾多番公開表示與中國的關係良好，自己與習近平主席亦是「好朋友」。在2017年初次訪華時，他更與中國簽訂了一份價值2530億美金的貿易協議，充分顯示了中美雙方貿易關係的進展。然而，在數月之後，特朗普一改故轍，轉以強硬態度指責中國侵犯外國技術專利以及施行不公平貿易行為，其後更以國家安全為由，向一系列中國進口貨物徵收大量關稅，中美貿易戰一觸即發。另一方面，特朗普一改對貿易盟友如加拿大、墨西哥和歐盟等國家的態度，指責他們損害美國利益並對他們加徵關稅。以上種種行為對國際市場帶來極大撼動，更威脅著全球貿易自由化的發展。這篇文章將審視當今中美貿易爭議的實際情況，以及分析美國總統特朗普的各種主張是否有理。

何謂自由貿易(Free Trade)

　　——「自由貿易」可被理解為國與國之間的免關稅、配額限

制、補貼的貨物及服務交易，使貿易能在不受貿易壁
壘的限制下自然地進行；

——「市場」這個概念則可被視為買賣雙方進行交易的一套
方式。貨品交易除了以物換物的方式之外，大部分市
場實際上以貨幣交易為主。

貿易的基礎理論

在探討特朗普政府所施行的貿易政策之前，我們需先了
解釐定貨物價值的基本因素。簡而言之，主要有三點：

——價格（Price）；

——品質（Quality）；

——需求性（Necessity）。

先說價格，它對消費者和供應商有不同的意義。站在
消費者的立場來看，我們在購買一件貨物時，自然希望它的
售價更便宜；而供應商則希望能以較高的價格出售他們的產
品。當然，消費者的消費行為會受到他們購買力的限制，購
買力較低的自然會減少消費或選擇次一級的貨品。

品質則代表消費者喜愛較耐用和可信賴的產品。另一方
面，供應商對產品品質亦十分重視，試想象，當一個製造商
或一個品牌製造出高質量的商品推出市面，就能從消費者中
累積品牌商譽，這種良好的商譽對穩固顧客群和促進業務發
展十分有益處。

除了以上兩點之外，貨物的需求性，即一件貨物是否「
必需品」，在交易中亦尤其重要。一般情況下，消費者對必
需品的依賴較高，就算售價偏高亦會購買該產品；反之，對
於非必需品的依賴則較低，若價格或品質稍有變動便有機會
轉以購買其他產品。

以上因素在不同市場裡面，有著不一樣的重要性。舉

例來說，在一些奢侈品如名貴跑車、高科技產品的市場，消費者較為注重產品的品質；在必需品的市場例如食物和衣物等，大部分消費者會更著重於價格而品質則為其次。可見，不同市場的客戶群對貨物有不同的要求。那麼，國際貿易市場的客戶群又較著重於什麼因素？在一般情況下，一個國家會先衡量哪些進口貨物為必需品，然後再在出口供應商中選擇價格和品質較為合適的貨物。

再進一步去看，這使我們談到相對優勢的概念（The Principle of Comparative Advantage）。相對優勢代表一個供應商能以相對其他商家更低的機會成本（Opportunity Cost）生產貨物。而機會成本則解釋了個人決策，甚至貨物生產、交易和分配等更大的領域；簡單而言是當我們作出一項抉擇時，放棄了另一項選項而導致的損失。

讓我們看看一些實際例子。自20世紀後期，世界的製造業中心由西方逐步轉移到東方國家。當時，中國自鄧小平政府推行改革開放，國家放寬私人企業的限制後，吸引了大量外企湧進中國國內設廠，其中一項最重要原因就是較其他西方國家擁有更廉價和充裕的勞動力。即使當時中國的製造技術並不可以與西方先進國家所媲美，但較廉價的勞動力使到這些企業能以較低的成本生產貨物。實際上，中國間接紓緩了西方國家勞動力短缺的問題，降低了高污染工業的壓力，使他們能以較低成本生產，提升產品的競爭力。

著名經濟學家亞當·史密夫（Adam　Smith）在他的著作《國富論》中，提到這個理論：

> 若一個外國國家能以較本國為低的成本和價格
> 提供貨物給我們，那麼我們應與這個外國國家交易，
> 並以本國有成本優勢的貨物作為交換向他們購買。

此外，相對優勢的理論，在經濟學家大衛·李嘉圖（David　Ricardo）的著作《政治經濟學和稅收原理》中亦得到闡

釋。李嘉圖認為，假若兩國各自生產有成本優勢的貨物，他們的總生產量將會提升；而在指定情況下，即當兩國只生產自己有相對優勢的貨物，然後再互相交易時，這會比起自給自足更有效益。

以上有關貿易的基礎理論，便是今天自由貿易協議出現的基石。這亦進一步指出徵收進口關稅或附加配額限制雖然能保障本地生產商的利益，但長遠來說卻會損害一個國家的整體利益，甚至造成資源浪費。

中國現代貿易的發展

自2000年起，中國與美國的貿易關係由以往根據《1974年貿易法》——即美國每年檢視雙方的貿易狀況而制定關稅——變為正常貿易關係（Normal Trade Relations）。隨後在2001年，中國正式成為世貿組織成員，並以降低關稅、開放市場等行為促進國際的多邊貿易發展。自此，中國現代貿易踏入高速發展階段。然而，在2010年美國大選時，共和黨和民主黨的候選人卻同時被斥支持與中國進行公平貿易，這些反華情緒認為，中國的崛起會損害到美國在國際間的領導地位。這種情緒在2016年美國大選時更為激烈，當時共和黨候選人特朗普作出承諾，一旦他當選總統，就會隨即把中國列為匯率操縱國家，並迫使中國政府重新與美國就兩國的貿易進行談判；他進一步提到會打擊中國公司的盜版、假冒貨物和終止中國侵犯外國技術專利的行為。在參選期間，他亦曾提到向中國進口貨物徵收高達45%的關稅。當選美國第45屆總統後，他延續對中國的強硬態度，並在2018年6月宣佈正式對中國進口商品加徵高額關稅。

就加徵關稅的行為，特朗普政府宣稱乃維護公平貿易，促使中國政府與美國談判，並打擊中國有關技術轉讓、知識產權等的不合理行為。然而，退一步來說，這些原因並不能

充分解釋為何美國會以如此強硬的態度對待中國。我們有必要先從中國近代的經濟發展過程作分析。自19世紀中葉所謂的「百年國恥」開始，中國一直處於弱勢，受到西方列強所欺壓、勒索。在20世紀初，第二次世界大戰結束和冷戰初期，中國與美國的關係並沒有出現什麼大衝突。直至1949年國共內戰的結束，中國共產黨戰勝國民黨之後，中美關係出現了變化。中國因支持蘇聯以被美國認作敵人。接著在韓戰時期，中國派兵協助北韓抵抗以美國為首的聯合國軍，亦使到兩國關係更加冰冷。冷戰結束後，當時以毛澤東為首的中共與蘇聯關係惡化，自此，中國失去了一名重要的經濟發展夥伴；而中國發現國內的工業基建和生產能力並不足以應付國家龐大的需求，這亦使到當時中國在意識形態上產生了巨大變化。在1972年，時任美國總統的尼克遜應中國邀請訪華，商討改善中美關係的可能性。此次訪華的成果是中美雙方簽署了《上海公報》，這份文件與其後簽訂的額外兩份文件，構成了中美外交關係的重要基礎。這次美國訪華的行動亦是中美邦交正常化的重要一步，結束了雙方長達25年的互相隔絕，並為以後中美關係的進展帶來了深遠的影響。在1977年，以鄧小平為首的中國政府一改對外封閉的政策，改以開放市場的策略踏入國際貿易的大舞台。從鄧小平著名的談話：「不管白貓黑貓，只要捉到老鼠就是好貓」，我們知道中國將以「解放思想、實事求是」和「對內改革、對外開放」的精神為主軸，開放市場，並主動與世界上各個國家進行貿易；自此，中國逐步發展成一個富強的國家。這個平穩的發展形勢一直持續到2010年，中國正式超越日本成為世界第二大經濟體的一刻起；前面講述到的在2010年美國大選出現的反華情緒終於在此時爆發。

當中國在經濟實力上步步追近美國時，美方難免感覺受到威脅，雙方的貿易關係漸漸惡化。中國藉著國內廉價人力成本以及龐大勞動力的優勢，迅速成為世界工廠的重要基

石；而中國的出口商品佔據了大量的市場份額，美國的商品無法與其競爭。在這些市場裡面，美國本地的供應商亦只能依靠國家津貼以維持競爭力。值得一提的是，這些貿易的問題並非只與國家的經濟實力有關。此處，我們有必要闡明硬實力與軟實力的分別。

——**硬實力**　可指一個國家以富有主動和侵略性的軍事或經濟政策行為達到目標的能力，例如脅迫、戰爭、制裁和賄賂等等；

——**軟實力**　可指一個國家以較無形的形式，如外交、文化價值、經濟合作關係和科技先進性等因素去促使或吸引其他國家與其合作的能力。

　　在第二次世界大戰和冷戰結束後，美國無可否認地在硬實力和軟實力方面位居世界第一。美國擁有全球最龐大和最先進的軍事裝備，為世界整體實力最強的軍隊，更被視為擁有維持世界秩序的主導地位。美國亦被視作資本主義和民主自由思想成功的代表國家，在蘇聯解體之後再沒有競爭對手能撼動美國的地位。自此，美國在世界主導地位中保持了逾二十年的光景，直至中國在世界舞台的崛起。

　　然則，中國的崛起在最初並非對於美國的主導地位帶來多大的影響，美國最初仍然被大部分國家視為世界的領導者。在過往中國的現代化進程中，其一黨制的領導模式被西方國家視為專制政權；中國亦被視作一個侵犯人權、打擊自由、控制人民的專制國家。而當時中國的軍事力量遠遠不及美軍的實力。但實際上，美國近年的不景氣並不能完全歸咎於中國的崛起，有一部分乃美國自己造成的。在各種社會經濟問題之下，如移民問題、福利問題、社會監控問題等等，民眾近年對美國的看法亦有所轉變。我們或許可以說即使美國軟實力有所減弱，其硬實力仍然十分強悍；但在今天，增強硬實力已經不再是一個最有效的發展模式。我們不可能在今天再發起大型的戰爭，而美國軍隊只對一些小型國家有實

際的鎮壓作用。當然，這些問題都不足以把美國從世界領導者的地位拉下來。然而，這一切到了2016美國大選和英國脫歐等事件發生時，出現了巨大的變動。

美國現時的政治版圖以及所採取的政策

自特朗普勝出2016年大選入主白宮後，進行了不少具爭議性的行為和政策，其中有以下的例子：

- 提名史葛·普魯伊特（Scott Pruitt）出任美國環境保護局局長，然而史葛卻是在化石燃料工業中出身，更是一名著名的全球變暖懷疑者；
- 宣佈退出巴黎協定（Paris Agreement）；
- 正式退出跨太平洋夥伴全面及進展協定（The Trans-Pacific Partnership, TPP）；
- 威脅退出北美自由貿易協議（North American Free Trade Agreement, NAFTA）；
- 多次批評美國的長期貿易夥伴，甚至向這些國家加徵關稅；
- 公開宣稱歐盟是美國貿易上的敵人；
- 退出伊朗核協議（Iran-Nuclear　Deal）並重啟全面制裁；
- 在2018年美俄峰會與俄羅斯總統普京會面時失言；
- 支持對邊境難民「零容忍」的政策；
- 試圖解僱調查「通俄門」的特別顧問穆勒（Robert Muller）。

從以上的列表可見，特朗普政府所作出具爭議性的行動數目眾多。在美國逐漸走向保護及孤立主義的情況下，很多貿易夥伴紛紛轉向尋找其他國家合作。與此同時，中國正致力吸引新的貿易夥伴；而美國這些行為更是驅使各國與中

國拋下過往的成見，彼此的貿易關係走得更近。加上中國不斷改善投資環境，放寬外商投資領域，進一步地開放國內市場，這些因素都使到越來越多國家轉向與中國進行貿易；這間接地亦令這些國家反思，究竟自己國家是否必須與美國合作才能興盛地發展呢？我們從一些例子可以看出，有些國家在某些議題上公開反對、或對美國採取不理睬的態度。

- 日本與歐盟正式簽署經濟夥伴協定以「對抗保護主義」；
- 歐盟抵制美國對伊朗的制裁；
- 歐盟與中國彼此都希望尋求更緊密的經貿關係以應對貿易戰的打擊。

　　至於美國對歐盟、加拿大和墨西哥等地的入口貨物加徵關稅的行動，特朗普政府宣稱這些貿易夥伴在貿易方面並沒有公平對待美國，因此美國必須對他們強加一些關稅措施；另外，特朗普亦指出北美自由貿易協議（NATFA）使到美國製造業工人失去大量就業機會。然而，製造業就業機會縮減很大程度上是因為生產自動化以及美國實際上以服務業為主要產業。根據美國貿易代表處（Office of the United States Trade　Representative）的官方資料，美國與墨西哥在服務業出入口市場方面有近70億美元的貿易順差；而根據美國商務部的資料，美國與加拿大於2017年的貿易當中亦有近28億美元的貿易順差。在美國人力成本遠高於鄰近國家之下，就算美國取回就業機會，廠商亦需要國家的津貼以維持產品的競爭力。最終，過高的人力成本亦會拉高產品價格，損害本土消費者的利益；在國際市場上，產品在價格上無法與其他國家競爭，使製造商更加無利可圖，甚至被逼退出市場，造成更多的工人失業。有經濟學家指出，特朗普對貿易差額的觀念是錯誤的，因為貿易差額與貨幣匯率和外資投入等多個因素有關。而特朗普政府的政策實際上是想破壞其他國家出口的競爭力，多於真誠地想保護美國本土工人的利益。

　　中國是特朗普政府貿易政策所針對的主要國家之一，
而美方的主要所針對的是指責中國竊取外國知識產權。那讓
我們看看實際的情況，中國在近年實際上對有關知識產權的
規管已收緊不少，而對外資企業亦放寬了許多限制。這顯示
中國有誠意糾正以往的錯誤，亦同時以緩和外國投資者的誤
解和不信任而吸引更多外資。這些政策並非在美國對中國加
徵關稅後才臨急推行，而是在2017年已有顯著的數據上的轉
變；

中國每年所支付外國版權的專利費款項總額，1997-2017

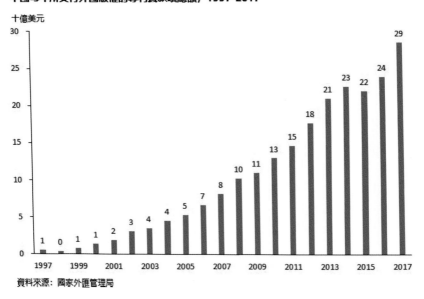

資料來源：國家外匯管理局

圖一：中國每年所支付外國版權專利費的款項總額，1997年 至2017年

我們可以從彼得森國際經濟研究所（Peterson Institute for Inter-
national Economics）的研究報告中，引述自國家外匯管理局的
數據看到（**見圖一**），中國在2017年對外國技術知識產權專利
費所支付的款項高達29億，在10年內增加了4倍。另外，中國
在2016年所支付的專利費亦位居全球第四（**見圖二**）。

頭15位國家所支付的外國版權專利費款項總額，2016

十億美元

注：以上資料為137個有有關資料提供的國家中所選取，頭15位在2016年支付最多外國版權專利費的國家。
資料來源：國際貨幣基金組織

圖二：頭15位國家所支付外國版權專利費的款項總額，2016年

　　在這幾種情況下，特朗普政府的貿易政策其實只是想削弱其他國家出口產品的競爭力而加強美國出口產品在國際市場的影響力。可惜的是，這個策略隨著他以強硬措施對待美國過往的貿易夥伴，以及不斷作出小動作以便在與中國的談判中獲得更大的談判籌碼，以致產生了反效果。在最近數月來，我們看到這些貿易夥伴轉以其他國家進行貿易磋商而拋下美國，使到美國在國際市場的影響力進一步下跌。而有關美國對於中國不公平貿易行為的指責，美方應先反省他們自己的貿易行為。作為一個以所謂保障人權、尊重人權為原則的國家，美國卻向不少被國際間視為不尊重人權的政權販賣軍火。根據美國安全援助監控組織（Security Assistance Monitor）的資料，以下是美國在2017年販賣軍火所售予的國家（見圖三）：

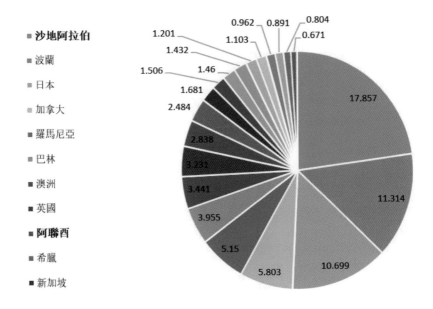

圖三：美國軍火的出口國家，2017年

　　從圖表可以看見，美國在2017年向一些中東國家例如沙地阿拉伯和阿聯酋等分別售予價值178億和28億美元的軍火，佔總銷量近1/4。這些國家根據美國的人權報告，都有嚴重侵犯人權的行為，包括公開處決、一些不人道的軍事行動導致無辜兒童死亡等。以上圖表的資料僅包括美國官方正式的銷售資料，尚未包括一些售予非國家武裝力量例如敍利亞叛軍等的資料，其所牽涉的敍利亞內戰已造成了大量無辜平民的死亡。以下是世界最大軍火商的統計表（**見圖四**）：

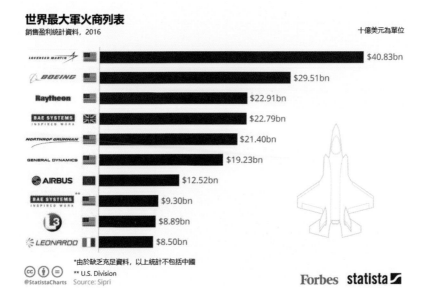

圖四：世界最大軍火商列表，2016年

　　美國恍惚忘記了他們的軍火製造商正正是世界上其中最大的數間軍火商，每年製造及販賣大量的武器裝備。

　　以上的論述簡單地分析了美國一連串經濟行動的背後動機，接下來將會作更深入的探討。現在先讓我們看看美國近年的財政赤字以及貿易順差等的數據，以下的列表是美國由2000年至2017年的人均生產總值（GDP）、支出以及國債的資料（見圖五）：

圖五：美國的人均生產總值、支出及國債資料，2000年至
**　　　2017年**

年份	人均生產總值（十億美元）	支出（十億美元）	結存（十億美元）	美國國債（十億美元）	佔人均生產總值的百分比
2000	10284.8	10048.56	236.24	5,674	55
2001	10621.8	10493.57	128.23	5,807	55

2002	10977.5	11135.25	-157.75	6,228	57
2003	11510.7	11888.29	-377.59	6,783	59
2004	12274.9	12687.63	-412.73	7,379	60
2005	13093.7	13412.05	-318.35	7,933	61
2006	13855.9	14104.08	-248.18	8,507	61
2007	14477.6	14638.31	-160.71	9,008	62
2008	14718.6	15177.15	-458.55	10,025	68
2009	14418.7	15831.39	-1412.69	11,910	83
2010	14964.4	16258.77	-1294.37	13,562	91
2011	15517.9	16817.49	-1299.59	14,790	95
2012	16155.3	17242.25	-1086.95	16,066	99
2013	16691.5	17371.04	-679.54	16,738	100
2014	17427.6	17912.2	-484.6	17,824	102
2015	18120.7	18559.19	-438.49	18,151	100
2016	18624.5	19209.15	-584.65	19,573	105
2017	19386.2	20051.57	-665.37	20,245	104

　　下圖為美國由2000年至2017年的貿易逆差數據（見圖六）：

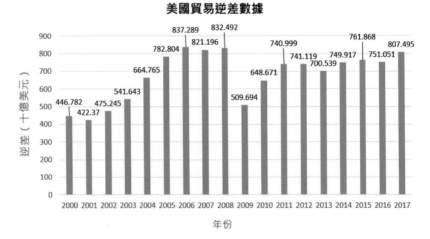

圖六：美國的貿易逆差，2000年至2017年

下圖為美國貿易逆差的國家所佔份額的數據（見圖七）：

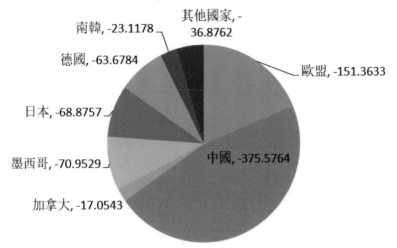

圖七：各個國家佔美國貿易逆差的總額

下圖為美國由2000年至2017年之間與中國的貿易逆差（見圖八）：

圖八：美國對中國的貿易逆差，2000年至2017年

　　在尼克遜總統在任期間，美國根據第11615行政命令取消金本位，中止了美元到黃金的兌換。自此，美元這個法定貨幣再沒有以黃金作為其內在價值而發行的基礎，而是單憑美國聯儲局的命令去發行；加上美元在國際貨幣體系上的優勢地位，作為世界大部分國家的儲備貨幣，美元因而在世界經濟上擁有強大的影響力。美國聯邦儲備系統主要有兩種方法控制貨幣供應，其一為聯邦基金利率（Federal Funds Rate）。而聯邦基金（Federal Funds）即為美國的商業銀行需要存在聯邦儲備銀行的準備金；若銀行在結算日前有盈餘或不足，可通過同業互相借貸以補足準備金額度，而借款的利率便是聯邦基金利率，亦即銀行同業拆息。如果聯儲局要執行擴張性的貨幣政策，可以通過調低聯邦基金利率以刺激借貸，增加貨幣供應，從而刺激經濟。第二種增加貨幣供應的方法則為公開市場操作（Open Market Operations）；聯儲局通過回購銀行所持的公債而擴大銀行信貸，從而增加貨幣供應，這能有效控制市場上貨幣的供應量，亦能降低或調高美元對其他貨幣的匯率，從而影響貨物的出入口。中國的貨幣政策則略有不同，外匯基本上由中央銀行所持有和管制，以下是中國在過去十年的外匯儲備數據（**見圖九**）：

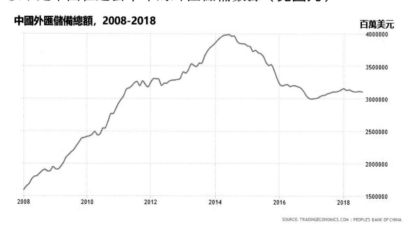

圖九：中國的外匯儲備總額，2008年至2018年

　　在2015年，適值美國大選的前一年，中國外匯儲備的減持使到人民幣匯率承壓。這使到中國不斷被指責操控匯率，以出口所得的美元大舉購買美國國債或直接作儲備；通過減低美元供應而使美元升值，令中國出口商品更便宜及更有競爭力。然而，這個指控並不合理。根據資料（**見圖十**），中國在2018年持有約11877億美元的美國國債，佔外國債權國約19%，並不足以對美元造成巨大影響。然而，這卻引申到另外一個問題。回歸到美國聯儲局貨幣發放制度的問題，當聯儲局想增加貨幣供應時，只需要通過電子貸款將資金「借」給美國的商業銀行；問題是這些電子借貸基本上是憑空製造出來。在部分準備金制度下（Fractional Reserve System），這些銀行借得資金後由能以一定比例進行貸款。以百分之二十的準備金率來計算，銀行理論上可以創造出多五倍的存款。當然，這在現實中更為複雜。我們要表達的是，美國聯儲局的這種措施正正是操控貨幣、匯率的行為。因此，對貨幣、匯率施加控制而防止外匯市場的波動，是每個政府和中央銀行都會做的事，美國對中國的指控並不恰當。

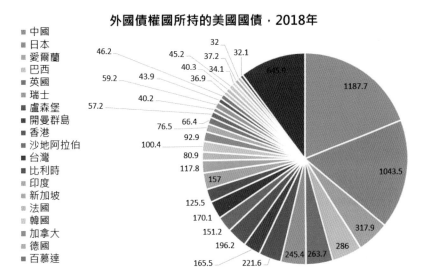

圖十：外國債權國所持的美國國債總額，2018年

除此之外，特朗普政府所提倡的收回就業機會以保障美國製造業工人利益亦是不現實的。美國自80年代起便將大量的製造工業外移去一些發展中國家，例如中國；現在不能說美國無法收回這些工作機會，但美國在生產能力上根本無法跟中國相比，中國無論在人口或實際技工數目上都有很大的優勢。就此觀點，蘋果公司的執行長提姆·庫克（Tim Cook）在一個訪問中曾提及到：

> 中國已成為一個先進的製造中心，你能在這裡找到手藝精巧的技工、精密而高級的機械人技術和電腦科技三者的結合。這種結合，在其他地方十分難尋，這種成熟的製造技術亦對我們的業務十分重要，確保了我們所要求的精確度和產品質量。有很多外國投資者來到中國只著眼於中國市場的大小，當然，中國是世界上最龐大的市場之一。但我們所著眼的地方，卻是這裡人才的質量。

其後他亦加以闡釋，說道：

> 大家對中國有一個誤解；很多人認為外國公司來到中國是因為中國的人力成本低。我不太肯定他們去的是中國哪一個城市，但是，真相是中國在許多年前已不再是最低人力成本的國家，我們公司亦不是因為這個原因而在中國設立中心。我們來中國的原因是這裡的技術，以及這些技術的數量和集中度。
>
> 我們產品所需求的是高級的加工技巧，加上精確的零件組裝，才能誕生如此高水平的產品。這種加工技巧十分重要，在美國你當然也能找到高水準的技工，但我並不認為技工的數量能滿足我們的需求；而中國絕對有這個能力。

　　從以上可見，中國近年來在勞動力和技術人才的質量上都不斷提升。顯而易見，美國並沒有足夠的配設把工作帶回美國本土。就算美國現在開始重振製造工業，致力取代中國成為世界製造中心，我們亦並不認為他的生產能力能與中國相比。這或許需要多個大型國家相互合作才能達成。但是，我們都知道，國與國之間的洽談磋商往往會有利益上的分歧而導致事與願違；而技術工人的培訓亦需要投放大量資源和時間才能看見成果，就算美國把國外的就業機會收回，亦需要至少十年的時間才能培訓出足夠的工人去滿足這些工作。

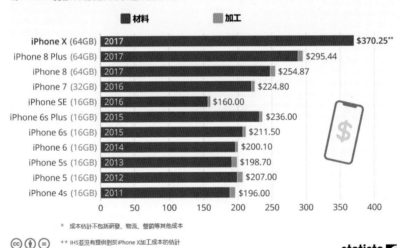

圖十一：製造一部iPhone X的成本

　　以上的圖表簡單展示了蘋果公司最新的一款智慧型手機，iPhone X的製造成本（**見圖十一**）。從圖表我們可以得知，只有一小部分的成本屬於加工成本，流到去加工工廠的手上。以iPhone 8為例子，在295.44美元的製造成本當中，只有大約10美元屬於加工成本。我們都知道iPhone的零件來源自美國而中國只負責組裝部分，中國工廠在一部價值800美

元的手機中只能收到10美元，即在每部利潤約500美元的產品裡面只能收到約2%的獲利。外國企業能利用中國高水準的技工和生產能力從中獲利，美國政府忽略了這個重要的因素。

　　從這篇文章的種種資料顯示，美國政府似乎並不是想爭取更公平的貿易，而是想強行打開中國的市場和強迫中國企業購買美國的產品而不是選擇其他較便宜及高質量的代替品。透過這些行動，美國能在中國經濟施加更大的影響力，以擴大他的利益。

總　結

　　美國以國家安全為理由，引發了這場與中國的貿易爭議。但這個貿易政策卻似是有一個背後原因，因為若果美國真誠想解決這個貿易爭議，應提出一些合適的談判方向而不是以各種政治意識形態去應對一場貿易上的談判。

　　而從以上的證據，美國對公平貿易的主張和觀點其實站不住腳。即使對於中國知識產權的問題上，數據顯示出中國對外國技術知識產權的保護有實質的進展。美國實行的貿易保護主義政策只會進一步降低自己在國際間的影響力，亦令中國與美國的差距更進一步縮減。

　　　　*本文章撰寫期間，實習生鄧博鏗在資料搜集和
　　　　整理圖表方面均作出大量工作，僅此致謝。

　　　　（翻譯自原文《On Recent Sino—US Trade Dispute》）

參考注釋

圖表資料來源：

1. Peterson Institute for International Economics
2. Peterson Institute for International Economics
3. Security Assistance Monitor

4. Statista
5. US Census Bureau Data
6. US Census Bureau Data
7. US Census Bureau Data
8. US Census Bureau Data
9. Trading Economics
10. Statista
11. Statista

其他參考資料：

Ackerman, S., 2016. *The Guardian*.
Available at: https://www.theguardian.com/us-news/2016/jun/15/cia-torture-program-september-11-medical-staff-instructions-details
Alavi, H., 2018. *Forbes*.
Available at: https://www.forbes.com/sites/heshmatalavi/2017/10/13/trump-iran-nuclear-deal-jcpoa-irgc/
Albert, B. X. a. E., 2017. *Coucil on Foreign Relations*.
Available at: https://www.cfr.org/backgrounder/media-censorship-china
Alun John, X. Y. a. E. Y., 2017. *South China Morning Post*.
Available at: https://www.scmp.com/business/banking-finance/article/2119300/china-ease-ownership-limits-foreign-joint-ventures-finance
Appelbaum, B., 2016. *The New York Times*.
Available at: https://www.nytimes.com/2016/03/11/us/politics/-trade-donald-trump-breaks-200-years-economic-orthodoxy-mercantilism.html
BREMMER, I., 2018. *Time*.
Available at: http://time.com/5342765/eu-china-trade-war/
CHEN, D. W., 2010. *The New York Times*.
Available at: https://www.nytimes.com/2010/10/10/us/politics/10outsource.html
Davenport, C., 2017. *The New York Times*.
Available at: https://www.nytimes.com/2017/02/17/us/politics/scott-pruitt-environmental-protection-agency.html
David J. Lynch, J. D. a. D. P., 2018. *The Washington Post*.
Available at: https://www.washingtonpost.com/business/economy/trump-imposes-steel-and-aluminum-tariffs-on-the-european-union-canada-and-mexico/2018/05/31/891bb452-64d3-11e8-a69c-b944de66d9e7_story.html?utm_term=.95d19fa014d7

Department, U. C., 2018. *US Commerce Department.*
Available at: https://www.bea.gov/newsreleases/international/trade/2018/pdf/trad0118.pdf
Diamond, J., 2018. *CNN.*
Available at: https://edition.cnn.com/2018/07/16/politics/donald-trump-putin-helsinki-summit/index.html
Diamond, J., 2018. *CNN.*
Available at: https://edition.cnn.com/2018/07/10/politics/donald-trump-nato-summit-2018/index.html
Donnan, S., 2018. *Financial Times.*
Available at: https://www.ft.com/content/1d8a46e8-2876-11e8-b27e-cc62a39d57a0
Fedirka, A., 2017. *Geopolitical Futures.*
Available at: https://geopoliticalfutures.com/hard-power-still-king/
Haltiwanger, J., 2018. *Business Insider.*
Available at: https://www.businessinsider.com/zero-tolerance-why-trump-separating-families-at-border-2018-6
Haltiwanger, J., 2018. *Business Insider.*
Available at: https://www.businessinsider.com/trump-insults-germany-then-says-he-has-good-relationship-with-merkel-2018-7
House, W., 2017. *White House.*
Available at: https://www.whitehouse.gov/presidential-actions/presidential-memorandum-regarding-withdrawal-united-states-trans-pacific-partnership-negotiations-agreement/
J.M., B., 2008. *Opportunity Cost (The New Palgrave Dictionary of Economics).* London: Palgrave Macmillan.
Lambert, L., 2017. *CNBC.*
Available at: https://www.cnbc.com/2017/08/27/trump-threatens-to-scrap-nafta-in-sunday-morning-tweet.html
Lardy, N. R., 2018. *Pearson Institue for International Economics.*
Available at: https://piie.com/blogs/china-economic-watch/china-forced-technology-transfer-and-theft
Michael Peel, D. S. a. K. M., 2018. *Financial Times.*
Available at: https://www.ft.com/content/1740471c-5a92-11e8-bdb7-f6677d2e1ce8
Moore, M., 2011. *The Telegraph.*
Available at: https://www.telegraph.co.uk/finance/economics/8322550/China-is-the-worlds-second-largest-economy.html
Mufson, B. D. a. S., 2017. *The Washington Post.*
Available at: https://www.washingtonpost.com/news/energy-

environment/wp/2017/02/22/oklahoma-attorney-generals-office-releases-7500-pages-of-emails-between-scott-pruitt-and-fossil-fuel-industry/?utm_term=.75b27948100a

Pham, S., 2018. *CNN*.

Available at: https://money.cnn.com/2018/03/23/technology/china-us-trump-tariffs-ip-theft/index.html

Post, S. C. M., 2018. *South China Morning Post*.

Available at: https://www.scmp.com/news/asia/diplomacy/article/2155573/japan-signs-eus-biggest-ever-trade-deal-donald-trump-puts

Pramuk, J., 2018. *CNBC*.

Available at: https://www.cnbc.com/2018/06/15/trump-administration-to-slap-a-25-percent-tariff-on-50-billion-of-chinese-goods-threatens-more.html

Representative, O. o. t. U. S. T., 2018. *Offices of the United States Trade representative*.

Available at: https://ustr.gov/countries-regions/americas/mexico#

Ricardo, D., 1817. *On the Principles of Political Ecnonmy and Taxation. England: John Murray*.

SCHRECKINGER, D. P. a. B., 2015 . *Politico*.

Available at: https://www.politico.com/story/2015/11/donald-trump-china-currency-manipulation-215679

Smith, A., 1776. *An Inquiry into the Nature and Causes of the Wealth of Nations*. Scotland: W. Strahan and T. Cadell, London.

Szoldra, P., 2016. *Business Insider*.

Available at: https://www.businessinsider.com/snowden-leaks-timeline-2016-9

Tang, F., 2017. *South China Morning Post*.

Available at: https://www.scmp.com/news/china/economy/article/2111929/china-launches-campaign-protect-foreign-intellectual-property

Urpelainen, J., 2017. *The Washington Post*.

Available at: https://www.washingtonpost.com/news/monkey-cage/wp/2017/11/21/trumps-noncooperation-threatens-climate-finance-under-the-paris-agreement/?utm_term=.dc9fdb10ca57

Yeung, P., 2016. *The Independent*.

Available at: https://www.independent.co.uk/news/world/americas/cia-torture-guidelines-post-september-11-detainees-guantanamo-bay-terrorism-a7085376.html

Zhou, B., 2015. Explaining China's Intervention in the Korean War in 1950. *INTERSTATE - JOURNAL OF INTERNATIONAL AFFAIRS* , pp. 1-2.

附　錄

圖表三有關美國軍火出口國家的資料：

2017		2016	
Saudi Arabia	US$17,857,485,081	Qatar	US$22,285,020,000
Poland	US$11,314,715,895	Kuwait	US$12,451,000,000
Japan	US$10,699,674,043	Japan	US$7,057,254,322
Canada	US$5,803,710,000	United Arab Emirates	US$5,355,038,425
Romania	US$5,150,000,000	Saudi Arabia	US$5,075,965,002
Bahrain	US$3,955,422,457	United Kingdom	US$4,267,619,459
Australia	US$3,440,700,000	Iraq	US$3,396,300,000
United Kingdom	US$3,230,630,000	Global	US$2,377,878,500
United Arab Emirates	US$2,838,124,342	Australia	US$2,175,792,735
Greece	US$2,484,000,000	Norway	US$1,750,000,000
Singapore	US$1,681,000,000	Germany	US$1,535,000,000
Iraq	US$1,505,600,000	India	US$1,234,385,716
New Zealand	US$1,460,000,000	Sweden	US$1,046,410,193
Taiwan	US$1,431,800,000	Egypt	US$982,234,323
Kuwait	US$1,200,600,000	Peru	US$780,895,496
Qatar	US$1,103,241,589	Pakistan	US$700,040,000
Global	US$962,100,000	Israel	US$540,058,310
Israel	US$890,925,000	South Korea	US$392,630,345
India	US$803,686,000	Oman	US$357,113,785
Kenya	US$671,000,000	Singapore	US$326,000,000

我與藏傳佛教

第十七世大寶法王雙胞案爭議剖析
——從藏傳佛教的傳承制度看白教

2011年6月

前　言

　　自佛陀入滅後，佛教在印度本土經歷了很大的變化，原始佛教經龍樹和無著、世親等發揚光大，佛教發展出兩大體系：即中觀派和瑜伽行派，佛學的理論得到充分肯定和發揚，金剛密乘更脫穎而出。其後佛教在印度本土日漸式微，但卻在中國漢地和藏地與南亞諸國有所成就，在統治者的護持和與當地文化融匯後，為佛法的弘傳和發展打下堅實的根基。

　　佛法在傳入藏地後，金剛密承更在藏地遍地開花，形成今天藏傳佛教的五大派系，並在歷史上出現「政教合一」的局面。所謂「靈童轉世」是藏傳佛教的一大特色，可謂只此一家，別無分店，巧妙地利用「菩薩承願再來」的理念，以確保其僧團可持續發展，這能使人和僧眾產生一脈相傳的純潔性和避免為他人或僧團派別者吞掉，是一個非常聰明的方法。這個辦法始創者是中觀瑜伽行派的大成就者岡波巴大師的弟子都松欽巴，即噶瑪噶舉派的開山祖——第一世噶瑪

巴。此一靈童轉世的承傳認證方式其後為藏地其他宗教派別模仿，輾轉仿效，成為藏傳佛教的一大特色，但由此而衍生的問題也不少。

「靈童轉世」流弊和金瓶掣簽定制

清帝乾隆在經歷廓爾喀（今稱尼泊爾）入侵西藏事件中汲取教訓，於是在戊申上諭上指出：「近年因指認呼畢勒罕之古爾登巴等法術不靈，不能降神，且徇情妄指，或出自族屬姻姬，或出自蒙古汗王公等家，竟與蒙古王公八旗世職官襲替相似。論以佛法，必無此理……以至無心不服，沙瑪爾巴（即十世夏瑪巴）遂成機起意，謀佔班禪遺產，唆使廓爾喀搶掠扎什倫布，遠煩大兵，聲罪對討。其從前王公子弟內，私自作為呼畢勒罕之陋習，永行停止。朕之此旨，原為近來蒙古居民等失去其舊時淳樸之風，不思佛法，但知圖利，必致謀奪財產，求為呼畢勒罕，久必之亦如沙瑪爾巴（夏瑪巴）唆訟肇釁滋事，朕甚憫焉。是次如此掃除積弊，潛移默化……」

有見及此，於1795年在擬定《欽定藏內善後章程》（簡稱「二十九條」），其中非常重要的一條專門規定了達賴、班禪和各派大活佛的轉世靈童的尋訪認定要按照金瓶掣簽制度執行，最終認定權在朝廷，即中央政府。

在這個金瓶掣簽的制度執行以來，據不完全統計，已有七十多名藏傳佛教的大活佛都是通過這個辦法來認證的，其中包括黃教、紅教和白教等幾個主要藏傳佛教派別。

從清代至民國到今天，這個制度經已實行二百多年了，已廣為世俗與僧眾所接納。

第十七世大寶法王傳承之爭議

正當十六世噶瑪巴積極如火如荼地在西方弘揚佛法的時

刻，卻不幸地於1981年11月於美國圓寂。

由於當時事起倉促，找不到任何有關其轉世意圖的遺囑，包括靈童的特征、方向、地點等，是故法座懸空多年。直至大司徒仁波切拿出一份聲稱為十六世大寶法王的遺函，內容顯示出其轉世靈童的所在地和有關征兆。按圖索驥後，找出烏金欽列多杰這位小童，同時亦取得達賴喇嘛在其禪觀境中所見與靈童出生地的情景吻合，作為輔證，再經中央政府援引金瓶掣籤等如法如理地認證後，在噶瑪噶舉派的主寺——楚布寺坐床，正式確立為第十七世如來大寶法王。

然而，事件并沒有了結，事緣因有位聲稱為第十四世夏瑪巴的紅帽法王——昆津夏瑪巴仁波切於1994年3月17日在印度新德里噶瑪巴國際佛教會上如此宣稱：

> 在噶瑪噶舉派傳承中，我具有絕對的決定權，此威信從我被認證為夏瑪巴的轉世而確立，所有歷代的夏瑪巴都是如此，我們做的決定是：我不要一個因政治因素而認證的噶瑪巴教主，我要的是一個完全基於佛法修證的噶瑪巴教主。

這位夏瑪巴法王除了依賴他聲稱是夏瑪巴的身份外，也不敢違背祖制的金瓶掣籤手續，但他究竟是如何地如法如理地進行呢？過程是這樣的：

由於無法造訪座落於札日的白湖，夏瑪巴再回到加德滿都，資深喇嘛楚汀達瓦一同前往加德滿都郊區的帕斐垠，在那裏的岩石上有一尊天然生成的度母石像。依藏傳佛教的傳統，祈求轉世的指示或其他重要事情時，人們可將各種可能寫在紙上，然後將那些紙張捏成紙團，放上佛像前的器皿中，祈求正確無誤的指示從器皿中掉出來。帕斐垠是一個很熱鬧的地方，當時那兒有很多有關尋找噶瑪巴轉世的傳言，若夏瑪巴親自到該地去將是極為不適宜的舉動，因此喇嘛楚汀答瓦代表夏瑪巴前往該地。當時分別在籤上寫了兩種不同

的可能，一張寫着天津欽智是轉世的教主噶瑪巴。

隔天又到加德滿都杜里克爾的瑪哈嘎拉聖像前重新掣籤，也得到了相同的指示。

當然，除了上述兩點論據外，（夏瑪巴）也進行了七天的關閉禪觀。就是根據這些，他個人認證了另外一位男童天津欽智為第十七世如來大寶法王。由始至終，就只是（夏瑪巴）一個人自編自導認了算數！

白教紅帽系法王夏瑪巴何許人也？

噶瑪噶舉教派的傳承有兩大系統，肇始於都松欽巴（公元1110至1193年），若從其出生年計算，已有901年。他是屬於黑帽系的，傳到今天已是第十七世。另外一支是紅帽系的夏瑪巴。第一世夏瑪巴（公元1283至1349年）傳到第十世，即處於清朝乾隆年間，被乾隆下旨勒令終止其轉世。妙境佛學會的嚴正聲明指：

> 對第十世紅冠法王的惡意詆毀攻擊，把他說成是貪財叛國、挑撥西藏及尼泊爾的戰爭，最終畏罪自殺。這已被歷史證實是黃教當時的執政者對他強加罪名的迫害！第十六世大寶法王在徵得當今達賴喇嘛的同意下，做出了平反。正因如此才有當今的紅冠法王夏瑪巴堂堂正正地再現於世。

對於第十世夏瑪巴所干犯的行為是否真如該學會所講是黃教當時執政者對他強加的罪名的政治迫害呢，還是確有其事呢？只要我們翻開歷史便昭然若揭，不容托詞狡辯。

對第十世夏瑪巴的判決和懲處是當時清政府多番觀察，清帝乾隆至福康安等駐藏大臣的上諭中和有關奏折中明確顯示第十世夏瑪巴所犯下罪行而判決（清史稱為沙瑪爾巴），茲援引數條，以資佐證：

（一）七月辛亥，諭：又據福康安奏：

「入賊境後，即聞沙瑪爾巴（夏瑪巴）業伏冥誅，訊之見獲賊目載巴拉哩，亦供稱沙瑪爾巴於五月十五日病斃」等語。此次廓爾喀滋事，皆由沙瑪爾巴唆使，實為此案罪魁，或系廓爾喀見大兵連捷，危亡在即，托言該犯已伏冥誅，希圖卸罪⋯⋯」

《清代藏事輯要》

（二）九月己亥，諭軍機大臣等：至此次廓爾喀滋擾後藏，沙瑪爾巴（夏瑪巴）挑唆起釁，實為罪魁，見據賊酋將該犯骨殖送出，着福康安等不必送京，分懸前藏之布達拉，後藏之扎什倫布，並前後藏及塞木多、打箭爐一帶大寺廟，一一懸掛，並將起為釁犯事緣由，遂一開寫，號令示眾，用示儆戒。

（三）同日，諭軍機大臣等：又沙瑪爾巴（夏瑪巴）姦佔人妻策旺拉木，中途逃逸。

（四）戊寅，諭軍機大臣等：前據保泰奏：廓爾喀地方，有紅帽喇嘛沙瑪爾巴（夏瑪巴）呼圖克圖係仲巴呼圖克圖之弟，訪聞伊弟兄彼此相仇，此次賊匪至藏侵擾，即係沙瑪爾巴（夏瑪巴）陷害伊兄等意之語。沙瑪爾巴與仲巴呼圖克圖，可以兄弟竟若仇讎，此語究係得自何人？總未據保泰奏明，此事殊有關係。沙瑪爾巴（夏瑪巴）與伊兄仲巴，舊有仇隙，竟敢勾結廓爾喀滋擾後藏，以洩私忿，甚為何惡。而撒迦廟內喇嘛等，前次向賊匪投遞哈達者，亦係紅帽喇嘛，顯有與沙瑪爾巴（夏瑪巴）彼此勾通情弊。或竟係沙瑪爾巴（夏瑪巴）等，欲衰黃教，以興紅教，故勾結廓爾喀賊匪前來滋擾，亦未可定。福康安到藏後，務將沙瑪爾巴

與仲巴何以彼此成仇，及紅帽喇嘛果否欲衰黃教之處，密訪嚴查，相機辦理。

（五）乙丑，諭：朕於黃教素雖愛護，但必於奉教守法之喇嘛等方加以恩遇。若為教中敗類，罪在不赦者，即將明正典刑，斷不稍為袒護。

（六）閏四月乙亥，諭：軍機和大臣等：據奏丹津班珠之妻，即係沙瑪爾巴（夏瑪巴）侄女，恐有勾結事情，此最應留心。

（七）八月辛未，諭：軍機大臣等：福康安等奏：「至沙瑪爾巴（夏瑪巴）唆使賊匪誘執兵丁噶布倫及搶掠後藏，罪不容誅，即服毒身死，已屬幸逃顯戮。」該犯雖無應襲封職，未知藏內尚有父叔子侄否？着和琳、鄂輝於事竣後查明見當何差，概行斥革，以抒眾憤。

（八）壬甲，諭：沙瑪爾巴（夏瑪巴）於五月十五日病斃，恐賊匪詭詐多端，藉口掩飾，已有旨：令福康安等留心檢察，如竟屬偽捏，務須設法生致解京，盡法處治。如果伏冥誅，究屬幸逃顯戮，藏內羊八井地方，有伊舊住廟宇，未便仍令紅教徒眾在彼安居，着傳諭福康安等於事定後，無論其病斃與否？總應將廟宇改給黃教喇嘛居住，徒眾概勒令還俗，分發閩、粵、浙江、江西等處安插，以抒眾憤。再撒迦溝紅帽喇嘛，於上年賊匪路過時，遞送哈達，猶屬可惡，若仍令在彼處居住，恐復煽惑滋事，莫若趁大兵撒回之便，懾以軍威，將該喇嘛等移至內地，酌量安插。並着福康安等一拼留心酌辦。

（九）丙戌，諭軍機大臣等：又據和琳奏：「查辦沙瑪爾巴（夏瑪巴）親屬，請將其親侄樂散建本等三犯，照大逆緣坐律擬斬，其堂侄阿里等

男女大小七名口，應否發往煙瘴地方安插，抑賞給
功臣為奴」等語。藏內人等不諳緣坐條例，所有沙
瑪爾巴（夏瑪巴）親侄樂散建本等三犯，竟着解京
交部治罪。其阿里等七名口，即交四川總督分發兩
廣，福建煙瘴地方安插，不必解京。

因此，縱觀有關史料，第十世夏瑪巴確實是一個奸詐之
徒，道德淪喪，姦佔人妻，挑唆廓爾喀侵奪領土，劫掠扎什
倫布寺以遂私慾的裏通外國者，罪惡至極之人。所以清帝嚴
懲紅帽系活佛確朱嘉措（第十世夏瑪巴）絕非妙境佛學會所
言「惡意詆譭攻擊」者也！

由於他的叛國行為，被廢除掉噶瑪噶舉紅帽系活佛轉世
系統，同時查抄他的寺院和財產，其所屬紅帽喇嘛百餘眾還
俗或改入黃教，這些權力皆依國法處理，並非由黃教亦非黃
教執政者可置喙也！

基於紅帽系已被明令廢除，故此至第十世後，是再沒有
夏瑪巴的了，任何自稱夏瑪巴法王者皆屬非法。此乃國家中央
命令，達賴喇嘛也不可能逾越。當然任何人也可以自稱夏瑪
巴，但絕不可能稱為第十四世，固第十世業已廢除，何來十
一、十二和十三世呢？正如香港從前有個曾在港九各地塗鴉，
自稱為九龍皇帝者，但絕對不能自稱香港總督，除非他有精神
問題。既然所謂第十四世夏瑪巴的來歷欠缺合法性和法統認受
性，那麼由他來認證的人有效嗎？其身不正，何以正人！

既然這位夏瑪巴聲稱他的第十四世夏瑪巴地位是得到十
四世達賴喇嘛的同意和認可，他才堂堂正正，為何由達賴所
認可的烏金欽列多杰，卻又說是白教內部事務，正是自相矛
盾，莫非是思覺失調，想瘋了？

是故，我們認為所謂第十四世夏瑪巴重現人間是缺乏理
據的。夏瑪巴仁波切聲稱他是第十四世夏瑪巴，那麼請問他
是從十三世、十二世、十一或是第十世轉世而來？他口出狂
言：對噶瑪噶舉傳承具有絕對的決定權。原因何在？「此威

信從『他』被認證為夏瑪巴的轉世而確立？」假若他不是直接承傳自十世夏瑪巴而是所謂的十三世，那麼那位十三世又是由誰確立和確認？如此類推至十二世和十一世。實情是自十世夏瑪巴畏罪自殺和被勒令廢除轉世後，世上再沒有夏瑪巴法王了。假如這位「十四世夏瑪巴」真的是轉世自第十世夏瑪巴的話，那真是噶瑪噶舉派的不幸與災難。因為第十世夏瑪巴已被歷史確認是一個不清淨的修行者，是諸惡多作、眾善不行的行者，其所作業為不獨累及親人，更使紅帽系喇嘛僧眾遭受滅門之災，如此一位「活佛」，還可以「承願再來」遺禍人間嗎？我們還可放心依止這樣的一位「活佛」去認證那位法爾清淨的第十七世大寶法王嗎？因此，在第十七世大寶法王的承傳上只能夠有一個答案，就是大寶法王只能有一個，換句話，十七世大寶法王只有一個色身（報身），這個色身就是烏金欽列多杰，因為他是通過既定和認可的程序如法如理地認證的。有些人企圖取巧說大寶法王可以有兩個化身，這個是誤導和「偷雞」的做法。當然，夏瑪巴仁波切可以說泰耶多杰是十七世大寶法王化身，但泰耶多杰還是泰耶多杰，並不是大寶法王，正如有人說：達賴喇嘛是觀世音菩薩的化身，但觀世音菩薩絕對不是達賴喇嘛。

結　語

　　有關藏傳佛教在轉世靈童的承傳認證問題上，讓我再引述清帝乾隆的說話作結。

　　「論以佛法，必無此理。」

　　「失去其舊時淳樸之風，不思佛法，但知圖利，必致謀奪財產，求為呼畢勒罕。」

　　祈願藏傳噶瑪噶舉法脈興隆，噶瑪巴千諾！

　　阿彌陀佛！

（原文發表於《前哨》雜誌2011年6月號）

汝安則為之
——致諾殿車寧秘書長書

2011年7月

　　首先，作為千百萬卑微眾生中一個的我，能夠有幸得到秘書長閣下的垂注，撰文指正，與有榮焉！

　　閣下指出烏金欽列多杰沒有經金瓶掣籤方法認證確是事實，請容許我在此澄清和向讀者道歉。但他的而且確是於1992年6月27日經中國國家宗教事務條例第4章第27條，即依照宗教儀軌和歷史定制辦理並免於金瓶掣籤的情況下，由中國國務院宗教局宣佈被承認為第十七世如來大寶法王的法脈傳承者。而第十四世達賴喇嘛尊者亦具函贊同（有關函件均可在網上查閱，以資佐證）。當然白教內部有些人對中國政府懷有戒心和採取敵視的態度，在某程度上是可以理解和諒解的，但達賴尊者可有必要附和司徒仁波切和被閣下與夏瑪巴仁波切指稱編造遺囑的作假行為嗎？因此，人們有理由相信烏金欽列多杰是經過如法如理，在公平、公開、公正的情況，被認定為第十七世如來大寶法王，是具認受性和被廣大的漢地和藏地信眾所接受。

歷史已為夏瑪巴蓋棺定論

尊敬的秘書長閣下，您說我誣指夏瑪巴仁波切是一個不具資格的上師，此言差矣！假若夏瑪巴仁波切不自稱他自己是第十世夏瑪巴（即沙瑪爾巴）的紅帽法王轉世而來，那麼，人們無話可說，但若夏瑪巴仁波切硬要說是第十世紅帽系法王沙瑪爾巴的轉世，自動對號入座的話，人們只能按歷史事實來評定。因此我亦拜讀了閣下回應所陳列合共的十八段陳條，在結尾段閣下聲稱：「乾隆下令禁止夏瑪巴的轉世，並把其封廟改為黃教的寺廟。此等過程和你寫的均是相同的。」冒昧了，根據我們所閱讀的史料與閣下所言是有所出入的。雖然是這樣，我不打算在此問題上糾纏下去。因為歷史已對第十世紅帽系法王沙瑪爾巴作出定案，任何人企圖篡改歷史，把責任諉過於人，是沒有用的。任何人若對此事有疑問，可以直接參閱有關歷史檔案等資料，是非曲直則一目了然。

秘書長諾殿車寧為何前言不對後語

秘書長剛在前文用了大量篇幅為夏瑪巴開脫叛國勾結廓爾喀的歷史。但竟然現在卻宣稱「第十世夏瑪巴背叛清帝乾隆，在佛法上並無過失」。換句話說，秘書長您是承認第十世夏瑪巴真的是挑唆廓爾喀攘奪中國領土，劫掠札什倫布寺以遂私慾的奸險小人。當然，閣下辯稱他這樣做在佛法上並無過失。這是一個什麼樣的邏輯？我們須知當時的清帝乾隆所代表的皇權是代表國家利益，背叛乾隆等同叛國，尤其是挑唆廓爾喀入侵西藏，是一個明顯的分裂國家的行為。由於他的背叛，清政府調兵17000餘眾，支付軍費1052萬兩銀，等於當時全國稅收總數的四分之一。死傷人員數以千計，以

擊退廓爾喀的入侵。佛法是這樣的嗎？修行人只要持經唸佛就可以無視國法嗎？無視王法嗎？當時的清朝皇帝是喇嘛教的最高保護神，所以「不遵王法即係違背佛法」（《衛藏通志》卷13上）。二百多年前的社會是這樣，在21世紀的今天社會也是如此。任何人絕對不可以「在佛法上並無過失」為藉口或理由而作出違法亂紀的行為，幹出賣國家民族的勾當。假若按照秘書長的思維方式，因為乾隆是一個以十八種酷刑欺壓百姓的君主，夏瑪巴便可背叛他，只要佛法上並無過失便可以了。那麼所有修行人，包括各大小活佛，以及喇嘛、和尚、僧尼等都可以無法無天或奉旨當漢奸、印奸或美奸了。

請不要把達賴喇嘛拖落水去

尊敬的秘書長閣下，您把第十世夏瑪巴和達賴喇嘛相提並論是一種邏輯謬誤，是一種偷換概念的做法。第一，第十世夏瑪巴已經蓋棺論定，回不了頭了。連你也說他背叛清帝乾隆，真的事出有因，查實有據。我看很難為夏瑪巴翻案了！而達賴喇嘛的訴求，據我們從新聞報道得悉：並非要求西藏脫離中國獨立或挑唆外國政府去侵佔中國領土。現在中國政府與達賴喇嘛代表就西藏自治問題仍然在磋商對話中，難保有一天談判雙方在所謂互諒互讓中達成協議，圓滿收場。中國古語有云：未蓋棺不可有定論，尤其在一些政治議題上，更經常會有出人意表的結果。所以，人們均認為達賴喇嘛在夏瑪巴的問題上曾幫了一忙，惟秘書長不感恩圖報之餘，還想把尊者拖下水中，好像有點兒那個吧！

請不要侮辱孫中山和辛亥革命

秘書長閣下，您怎麼可能將孫中山先生推翻滿清的封建

帝制的辛亥革命，和第十世夏瑪巴的叛國行為相提並論呢？孫中山先生推翻滿清政府是要建立一富強民主國家，維護領土完整和獨立自主的中國，結果是辛亥革命成功了。

你說假若就算孫中山先生革命失敗了，他也不會變成罪人。對不起，秘書長閣下，歷史是沒有假設性的。未來難以逆料，過去不可挽回。今年，剛好是辛亥革命一百周年祭，孫中山先生領導的革命是符合世界潮流、順應民心的大義行為。而非為洩一己之怨憤和私慾的奸險小人行為。第十世夏瑪巴的所作所為是一個其心可誅的醜惡行為。就算孫中山先生失敗了，歷史也一定不會將他定格為罪人。正如戊戌政變的六位志士仁人，雖失敗被砍頭，但歷史和後人還是尊稱他們為六君子，而非罪人。

藏傳佛教派系盛衰與中央政府關係

秘書長在文章中多次流露對黃教的情意結。其實在藏地的教派盛衰中，包括白教、黃教、紅教、黑教和花教等，都在不同時期和年代由於獲得當時統治者的歡心和利用價值的多寡，而受到重用並各領風騷一段時期。而噶舉派亦曾在西藏歷史上擁有輝煌的一刻，例如在明朝，噶瑪噶舉因朝廷的尊崇，故在宗教上擁有實力和話語權，可惜在政治上卻未形成「政教合一」的格局。因此，也不能怨別人。不檢討自己失寵的因由，卻只懂埋怨別人是沒有用處的。教派之間只知爭權奪利，如何能振興佛法呢？現今更發展到大寶法王出現雙胞胎，教一般小民何所適從，如何依止！

不知自己身份、分寸、像耍猴子？

秘書長閣下，您責怪我不自量力，不知自己身份，沒有分寸，像耍猴子戲的猴子。如果您認為只有身份的人才有資

格擁有話語權，那麼低下卑微的我只好擱筆了。但忽然想起佛陀教誨：眾生平等，要破人法我執。弘揚佛法不一定非要戴上那頂黑帽、紅帽吧！

余豈好辯哉，不得已矣！

願秘書長吉祥！

（原文發表於《前哨》雜誌2011年7月號）

心中的話——再答諾殿車寧秘書長

2011年8月

懷着謙卑的心，再一次恭讀諾殿車寧閣下的訓誨。為了能更深領悟其文精神，我查證了一下諾殿車寧的一些背景，得出如下資料：原來尊貴的諾殿車寧是錫金人，是依止藏傳佛教寧瑪派的。是大寶法王慈善基金會的秘書長，也同時是該基金會所聘請的律師，據聞該基金會管有的財產超過二十億元（美元？）。而該基金會所承認的十七世大寶法王是由所謂第十四世夏瑪巴個人認證的泰耶多杰而非烏金欽列多杰。另外，要提的是所謂第十四世夏瑪巴原來是第十六世大寶法王的親侄兒！

作為這樣一個龐大基金會的律師兼秘書長，人們可以想像到閣下在日理萬機之餘還專門抽空行文賜教，非常感激。

在此，我想指出本人並非白教中人，亦沒有任何經濟利益，我之所以在《前哨》撰寫兩篇文章涉及有關第十七世大寶法王雙胞案和白教紅帽系法王的承傳問題，是基於對中國歷史和西藏藏傳佛教的研究和熱愛，及對佛法的尊崇，而非受某些人仕指使，或試圖或企圖取得任何宗教上或經濟上的利益。

蓋「靈童轉世」之方式乃西藏地區所獨創，在佛教發

源地之印土或其他崇尚佛法之地區或國家所無。若人們翻查三藏十二部,均無佐證。偉大的佛陀在世弘法達五十年直至入滅,並無開示「靈童轉世」的遺教。其後佛法輾轉傳至藏地,後來才發展出獨特轉世靈童的派系傳承方式,但由此而衍生的問題和流弊不少。所以,自清代乾隆帝開始,於1795年頒佈的《欽定藏內善後章程》,專門規定了達賴、班禪和各派大活佛的轉世靈童的尋訪認定,要按金瓶掣籤制度執行,最終認定權在朝廷即中央政府。從那一刻開始而成國家定制。所有藏傳佛教派系的大小活佛都不可以自把自為,大小活佛都是國家宗教體制內的一員,朝廷或中央政府按照定制,所有大小活佛受到國家、國法的保護和給予一定優遇,某些大活佛更被邀參與國家大事的議政或決策等。今天,中國更制訂有宗教事務條例。明確規定各大小活佛轉世方式。任何出家人不單要遵守佛門清規,而且要遵守國法。相信作為律師的秘書長閣下,應該非常清楚,在正常情況下當你踏出錫金的國門,進入任何一個主權國家包括印度、美國等,都要持有由主權國家簽發的有效的旅行證件,如護照或身份證明書和入境簽證等,不能自稱或因為是僧侶,或拿着佛經就可以自由闖關。因此,只有在遵守國法的前提下,佛教的發展才可能會有更大的發展空間。

秘書長指責我不解中國歷史之外還有噶瑪噶舉傳承的歷史,先生的指責言重了。我有理由相信作為中國人的我,對本國歷史的了解還不如錫金人的您嗎?中國人治史的態度歷來嚴謹,我所引用的史料都是信而有徵的信史,都可在清史檔案或中國歷史檔案館中查證。而閣下多次引用的佐證所提及的多玲巴只不過是一些個人傳記式的文章,並沒有經過縝密的考證。因此,極其量只是屬野史一類而己!

原先,我以為秘書長擁有閱讀中文的能力,現在才明白是不懂中文的,那麼閣下對中國歷史的認知力便不令人信服。因為我引用的歷史文獻均以中文寫而且暫無外語翻譯文

本，所以我決定不再與夏蟲語冰了。

順帶一提的是有位賴成蔭君指責我「如非無知便是別有用心」，賴君過慮了。首先，清朝政府並沒有取締噶瑪噶舉派，而只是按律治第十世夏瑪巴之裏通外國、分裂國土之罪，而主要針對紅帽而作出，對黑帽系的大寶法王並無以連座法而對待之，是一個公平，公正和公開的處理辦法。當然，賴君及其信眾或任何人仕皆可替第十世夏瑪巴這一段不光彩的歷史翻案，但請提供可以令人信服的證據來。單憑達賴喇嘛尊者和十六世大寶法王同意便可推翻歷史定案是欠缺說服力的，況且由於十六世大寶法王與所謂重現江湖的第十四世夏瑪巴二人有極其親密的血緣關係——親叔侄。再者，達賴喇嘛尊者和十六世大寶法王是否擁有推翻由中央政府——清朝廷的栽決的權力？用現代的司法術語來講，中、下級法院是否具備推翻上級法院的判決呢？因為達賴喇嘛轉世的最終決定權在執行金瓶掣籤後，還需要得到中央政府的確認，當年十三世達賴喇嘛尊者的轉世靈童，即十四世達賴喇嘛也是按照在1795年開始確立的制度，如法如理地進行而認定的。但願我的「無知」如若能令賴君更進一步接近「正見、正思、正念」，雖則本人下地獄，亦會含笑於九泉矣！

眾所周知，自佛陀入滅後至今，佛教經歷多次內部派系的分裂，同時衍生出多個派別，門戶之見或紛爭時有所聞，但均可通過理性的對話和辯論解決問題。佛法和佛教不單沒有滅亡，反而更為興旺，繁花吐艷之態勢，所謂佛法常住也！佛教之所以能屹立於當世，究其重要原因之一是開門辦教。面對眾生，尊重眾生。關門辦教只能走入死胡同！讓諸世間有情者均能法雨同沾，深切體會佛陀教誨：眾生即佛的道理。眾生才是我們真正的怙主啊！

秘書長閣下，我對貴基金會和您所依止的泰耶多杰並無心存冒犯之意，誠如我在上回所書：汝安則為之！若您等心之所安，則隨喜吧！

最後，讓我引用藏文中的兩個辭句與閣下共勉：

NYÖN MONG YESHE TU GYURWA, YESHE NGÖ SU TOKPA

噶瑪巴千諾！　願秘書長吉祥！

（原文發表於《前哨》雜誌2011年8月號）

對第三世多杰羌佛（義雲高大師）的迷思
——就今日佛教界是非紛爭的評說

2014年7月

前　言

　　近年在佛教界中冒起了一位神化、佛化人物，被其信眾和某些僧團詡為佛陀轉世，重臨人世間的「法界最高總教主」第三世多杰羌佛。最近，由一個名為國際佛教僧尼總會在大嶼山國際博覽館舉行了一場號稱有二萬八千多人出席的「第三世多杰羌佛大法會及《藉心經說真諦》首發式」。可謂漪歟盛哉！

　　佛教是人類文化發展中所衍生出來的三大宗教信仰之一，與基督教和回教鼎足而立，而各有二千至二千多年的歷史與承傳。這三大宗教都有各自尊奉的教主。在基督教則為耶穌及以聖父、聖子、聖靈三位一體為宗；而回教則奉穆罕默德先知為教主；佛教則奉釋迦牟尼，即一般尊稱為佛陀而不名者為教主。其中基督教和回教均肇始於中東地區而傳播歐美遍及世界。唯佛教卻在發源地印度卻相對式微，但卻在中國的漢地與藏地得以發揚光大，成功地融入中華文化的江

河中，並發展出具中國特色的禪宗體系。

　　雖然各個宗教的根源和形成都有各自的地域性、文化背景、民族性和不同的客觀環境與因素，但其終極發展和傳播均能跨越地域、文化差異、貧富。特別是自工業革命以來，人類科技的發展，帶來高度的物質文明和生化與醫療的進步，但依附於三大主要宗教的信仰依然是人類靈魂深處的依止。因為科學的發展並不能制止人類的貪嗔痴，並不能遏止戰爭與殺戮，而宗教信仰卻能提供一個與人為善、寬恕與包容的平和心境，使人與人的關係減少紛爭，使富者樂於分享，貧者免去飢寒而起盜心的心魔，這是為何科學或科技如何進步也取代不了宗教信仰的重要原因之一。

佛教、佛學與佛法

　　佛教自二千五百餘年前由北印度之迦毘羅衛城的國王淨飯王之子悉達多所創。在佛陀寂滅後，雖然教派內經過多次的分裂、爭鬥和統合，原始佛教經龍樹、無著、世親、陳那和法稱等發揚下，發展出兩個體系，即所謂：「有」與「空」宗——中觀派和唯識二大派。廣義言之佛學分為三大板塊即：小乘、大乘與金剛（密乘）。縱使如此，各宗各派均尊奉釋迦牟尼為教主，因為佛教教義的基石乃建基於釋氏所創的《緣起論》，所謂緣起性空的學說。小乘佛學則以「三法印」為判教準則，大乘佛學則以「一實相印」。簡而言之，佛法就是般若，般若就是佛法。

　　是故佛教，佛學與佛法三者是三位一體，不可分割，是互攝互入，是一個圓融無礙的世界。

　　自釋迦寂滅後二千多年，佛陀的稱號都是專指釋迦牟尼而言。歷代相傳，佛陀這個尊號已然成為釋氏的代號，就算是在佛教中的大成就者龍樹也只是被稱為大菩薩而矣，豈敢以佛陀或以佛自稱。因此，對近年來有自稱為佛陀者——第

三世多杰羌佛不得不另眼相看，究竟是那回事！

第三世多杰羌佛的來龍去脈

按《第三世多杰羌佛簡介》對這位「佛」有如下的論述：

> 這是被全世界佛教各宗派的法王、攝政王、高僧和大仁波車們共同認證，附議祝賀所確定的第三世多杰羌佛，是最高的佛教領袖，並且是從古至今獲得最多認證的大活佛──佛陀。根據佛教的活佛轉世認證制度及佛史的固有地位，第三世多杰羌佛是金剛統持、統領一切佛菩薩和一切佛教宗派，是佛教的始祖佛多杰羌佛的真身降世，佛教的所有理論和實踐，都來源於多杰羌佛始傳，每一位佛陀，如阿彌陀佛、釋迦牟尼佛等，都是學習多杰羌佛的佛教、佛學、佛法才成為佛陀的，世界上任何佛教的領袖和佛教徒學習的都是多杰羌佛的教導。第三世多杰羌佛是歷史上的第一位，也是唯一的一位真正實際地展顯了顯密圓通、妙諳五明的佛陀，因為多杰羌佛是原始第一尊具形象的佛陀，是整個宇宙中唯一的佛教總教主，至於普賢王如來，則是完成多杰羌佛的法身佛，沒有任何形象的如來。

該文又說：

> 第三世多杰羌佛不分膚色、種族、不分貧富、不分宗教，利益一切眾生，但不接受任何可供養，這在這個世界上是找不到的。在第三世多杰羌佛所說佛法《解脫大手印》中，明文標註：誓願擔負所有眾生的痛苦，並將祂所有的幸福和福報給予

他人，以便眾生能夠幸福。簡而言之，就是一切好
的給人，不好的留給自己。

從這份《簡介》中，人們可以約略了解到一個由義雲高
大師脫變成雲高益西諾布大法王，最後升遐為第三世多杰羌
佛的過程。

按義雲高大師及其追隨者的邏輯，佛教的始祖佛是多
杰羌佛，因此義雲高大師既然是第三世多杰羌佛，那麼他就
是當今佛教界的大統領了，釋迦佛陀也在這位號稱金剛總持
面矮了一大截。變成沒有多杰羌便沒有佛教、佛學與佛法。
如果真的是這樣，那麼這位始祖既然如此位極人神，超出三
界，何須比他名份低多少級別的人士去認證他的尊貴身份？
比如說：一個大學教授的身份，卻由小學生去認證。成體統
嗎？又釋迦佛陀在世之日，可並沒進行過甚麼勞什子的認
證。所謂桃李不言，下之成蹊也。

今天，實行「靈童轉世」制度的西藏地區的藏傳佛教，
乃起源於約八百年前的噶瑪噶舉教派（密宗白教）的噶瑪拔
希，即後被尊為第二世的噶瑪巴。但該種形式的轉世承傳乃
是藏傳佛教的一個特殊方式，在漢地佛教均無此種制度。
而且有關藏傳佛教的活佛轉世制度自清代乾隆年間，已被清
政府確定下來，大小活佛的認證均有規有矩、如法如理。當
時的駐藏大臣監察過程，後將選拔結果報朝廷核實，予以封
號，頒報於藏地的大小臣工和民眾。此一制度自清代，經民
國而至今天仍有效實施。今天專責處理該等事務的最高機構
乃是中華人民共和國國家宗教局，所以在藏傳佛教或藏地之
外的地區並沒有「轉世」制度之設立，亦非佛教之主流。

特別是在佛教的誕生地，自釋迦佛陀始，二千五百多
年來均無此制度和方式，佛陀留下的不是「轉世」或甚麼「
神通」，而是大量的佛法經典，縱然如此，佛陀也曾警示世
人，祂雖然說法五十年，但卻云：我何曾說法。是故，當佛
陀快進入涅槃之際，門人問：世尊寂滅後，我等日後將以誰

為師？佛答曰：當以波羅提木叉為師，即以「戒」為師之謂
也。而日後信眾在佛寂滅後，以戒為師之外，當以皈依三寶
為是。三寶者何？佛、法、僧是也。僧者乃是指僧團而言，
而非指某一個個人或個體，因為只有團結和集體才有力量，
才有發展，才不會被個別野心家另有所圖。

始祖佛之說有悖佛教的基本教義

該《簡介》聲稱：佛教的所有理論和實踐都來源於多杰
羌佛的始傳……都是學習多杰羌佛的佛教、佛學、佛學才成
為佛陀的……第三世多杰羌佛是歷史上第一位也是唯一的一
位真正的佛陀，是原始第一尊具形像的佛陀。該位多杰羌佛
在其「佛法精髓」一書的提示中，也多次提及緣起大法。

究竟甚麼叫緣起呢？

緣起法是釋迦牟尼佛法的基礎，是佛教的宇宙觀。「
緣起性空」是謂世間萬物是無自性的，是無常的。因為事物
的生滅均由緣而成和滅。緣者：世間一切事物存在之條件和
關係也。條件具備、成熟，事物就存在。這些條件是客觀存
在，而不以人的主觀意識為依歸。當條件消失，事物便不存
在。所以為什麼佛在《雜阿含經》說：此有故彼有，此生故
彼生；此無則彼無，此滅故彼滅。因此從宇宙始源的終極和
究竟意義上講，佛教是沒有第一因的，是沒有創世主這個概
念。從這個意義上，佛教是無神論的，不存在著所謂「始祖
佛」的概念。

「緣起性空」這個慨念是始肇於釋迦佛陀。它是整個
佛教、佛法的磐石，任何偏離緣起論都是外道。因為在釋迦
播佛道前，（一）所謂皈依、受戒、灌頂等儀式均見於婆羅
門的儀式中；（二）至於輪迴、業力、解脫等名義亦詳述於
古印度的「吠陀」與「奧義書」中；（三）而有關瑜伽、禪
定、修法、修行等於印度宗教、學術等早有論述。是故，釋

尊言我何曾說法是有甚深意義！所以佛法的博大精深可以說是不立一法、不破一法。然而卻又是有法皆立，無法不破。若說它是一無所有，卻又是無所不有，這就是不可言說，不可思議的般若智了。

因此，若有人稱在釋迦佛陀之上有一始祖佛，則是全盤推翻釋迦的緣起輪和佛教的宇宙觀了。那麼，還可以以佛教、佛法、佛學者而稱嗎？恕我愚昧，此舉實際上是在釋尊所創立和其後諸大成就者所傳承和發揚的佛教事工上的一起嚴重的僭建行為！

粗看多杰羌佛的傳承

據該組織的網頁顯示：第一世多杰羌是佛教裏面的神話式人物，並沒有具體的出生地點和年代，總而言之是以金剛總持而敬之。基於尊重宗教信仰的理由，我們不便說三道四，而實際上也找不到有關該尊者的具體資料。

至於第二世的多杰羌佛，據該組織說是維摩詰尊者。據筆者對佛教的淺薄知識，應該是一部佛經上提及的一位人士，該人確實名維摩詰，生於釋迦佛陀的年代，是為非常富有的居士，並家有美眷。他和家人都信奉佛陀，且是一位有大智慧與悟性的人，是釋迦的門人。而佛陀在名為：《維摩詰所說經》又名《不可思議解脫經》中，通過叫祂的弟子往探望維摩詰居士的病情中的對話，闡述佛法的甚深義理。這整部經書的敍述中，並沒有顯示出該位睿智的維摩詰居士竟然是釋迦的祖師——多杰羌轉世。徒弟仔竟變了師父的「上師」了！其後物換星移，二千五百年後，竟然又轉世為義雲高大師——第三世多杰羌佛了。

若按藏傳佛教的轉世傳承制度，圓寂者定當留下一些蛛絲馬跡或徵兆，以揭示門人往何處尋覓轉世者。惟二千多年來，甚至摩維詰居士本人也沒有留下片言隻字或任何承願

再來的宏願！普世的佛弟子都想清楚明白一個狀況，就是當今之世已邁入「末法時代」，若真的是多杰羌始祖佛降臨人間，那麼所謂「末法時代」的說法便成子虛烏有的事兒！

根據三藏十二部和有關佛教經典，都找不到所謂第二世者多杰羌佛的轉世和弘佛事蹟，所以所謂第二世者不其然使人想到是否一起「謬託知己」的行為呢！

佛法、神通與供養

我們這位尊敬的第三世多杰羌佛和其信眾經常炫耀該佛的「神通」力，並經常強調以「神通」力已決定某高僧大德的成就，而非佛法的修為與法德。當然，於經、律、論的三藏典籍中，我們知道釋迦世尊也曾施行神通以便宜行事。

其中一個非常著名的例子記載在《楞嚴經》上。當時佛弟子阿難為妓女摩伽女誘惑而快將破戒體時，世尊便立時用神通力，使文殊師利持法趕往營救，把阿難從速帶歸法會，並以極大的包容和慈悲心引導該妓女皈依佛門，同時宣示25種成佛之路的不二法門或覺悟，使聞法者而速入三摩地，後世古德因而有云：成佛的《法華》，開悟的《楞嚴》之讚歎。

所以世尊絕大部分均以說法去普度眾生為主，而間中以神通為輔。是故，蒼生是蒙佛法而得以了卻生死。諸菩薩和眾人亦因聞佛陀的當機說法而得無生法忍之喜悅，從而拋卻貪、嗔、癡而離苦得樂，登歡喜地。因為佛說：眾生皆有佛性，是故一闡提也可成佛。因此，眾生乃因「法」而有望成佛，非依賴或奉「神通」而成佛也！

所以「神通」不可持，亦不足持。過度的渲染「神通力」，其結果將會走上成魔之路，宜慎戒之！

有關「供養」一事，該「佛」及其追隨者，經常掛在嘴巴上并引以為傲者，是他：「利益眾生，但不接受供養。」

是古往今來「未之有也」的事。但我們均了解釋迦世尊在往世弘法之日子裏，也是依靠信眾供養其起居、衣食。那麼，如此說，釋迦世尊豈非變成一位貪婪之輩，卑鄙之徒嗎？這言行，不單是對「供養」一事之歪曲，是對釋迦世尊之污蔑，是一謗佛之言行，是對千百年來出家人不公平、不公正的言論。我們知道出家人包括絕大部分的高僧大德們都是兩袖清風，對該等人仕供養，是對全心弘揚佛法，宣揚八正道的出家人的一感恩和得蒙法雨的回饋心。當然，該位第三世多羌佛可能是腰纏萬貫、身家豐厚的頭陀，不用他人供養，則當別論。但若以此而自高身價，或以此標榜作為「佛」的高貴品格則使人摸不著頭腦了。

結　論

　　宗教信仰是人類文化生活的一個重要組成部分。今天我們已進入了21世紀，信仰自由已是世界公認的核心價值之一，我們不反對任何人信何種宗教或有何種信仰。所謂：汝安則為之，你拜你的神，他進他的廟，但不應該對其他人或團體進行直接或含沙射影的攻擊。特別世界三大宗教之一的佛教，已存在二千多年，自有其一套完整的倫理和體系與嚴謹的傳承制度。對這個制度和方式進行非「法」僭建，實屬使人非常遺憾。

　　香港在上世紀末，在各大街小巷的墻壁上或街邊果皮箱，都會看到今日被視為藝術品的塗鴉。該作者經常以「九龍皇帝曾灶財」自稱，由於其沒有對第三者和團體有敵視態度，或在言語行為上有所動作，所以市民大眾當時大多抱有一種看「耍猴戲」的心態而對待，這就是自由社會珍貴之處。

　　最後，謹藉以下摘自幾句詩以結束本文。詩曰：

　　一從大地起風雷，便有精生白骨堆；僧是愚氓猶可訓，妖為鬼蜮必成災。

阿彌陀佛！

　　　　（原文發表於《前哨》雜誌2014年7月號）

法由意會，佛由心生
——請益於公博先生書

2014年9月

引　言

　　前些時候，鄙人發表一篇名為《對第三世多杰羌佛（義雲高大師）的迷思》的文章，表達對該「佛」的由來與歷史承傳的迷思，並對甚深意義的佛法和佛教發表了我個人的膚淺認知，冀能拋磚引玉，卻想不到引來公博先生的臭罵與詛咒，說我死後「還得四大分解，斷氣中陰，被無常帶到陰曹地府」，並將得到「無量劫的地獄之苦」。希望公博先生不是該位第三世多杰羌佛的入室弟子或門人吧！若是，則令蒼生茫然，我佛慈悲將從何說起！

　　若然公博先生出於「護主」或「護教」心切，而做出對我文章之駁斥和指正，所謂文責自負，這個道理我是懂的。但詳讀公博先生文章之後，其對我指責某些引述似乎有欠公允，這或許是先生因怒火中燒而未能平心靜氣地閱畢全文。但也不排除是我這個「歪貨學者」和「宵小俗子」之一紙胡言，未能登大雅之堂，入公博先生之法眼，真的是：罪莫大焉！

　　唯公博先生的鴻文所論述的兩大問題，即緣起輪與佛法就是般若嗎？關係到佛法的基本與究竟問題，是故斗膽以陳，並以卑微之心，請益於公博賢者。

緣起法與佛教思想體系的形成

　　緣起法乃釋氏對世間萬法（事物）的起源和寂滅的看法，認為世間事物的生滅乃因緣和合而生滅。緣者，條件也，緣生則物生、事存；緣滅，則物故、事亡。當然，緣生緣滅非佛陀所創制，就算是佛陀本人也得按照這個緣起法則而出生、成長和寂滅。然而，釋氏是第一個提出這個看法和以此法則、道理去解釋宇宙始源的偉大哲人和聖人，所以說緣起大法為佛陀所創立并成為佛教的基石之說法，並無過錯，亦非謗佛。誠如牛頓從蘋果落地而悟出「地心引力」和發現「萬有引力」之震古爍今定律一樣，地心之有吸力與宇宙間萬有引力之存在，是宇宙和地球物理學之客觀存在，不以牛頓之出現人間而存廢。但若沒有牛頓之睿智，今天的物理學將會試一個甚麼樣子的呢？宇宙航行與航天科技不知所以云了！

　　至於佛教裏面有關禪定、輪迴、皈依、灌頂等皆於佛陀在世之前已有一事，這是歷史和鐵一般的事實。公博先生假若能平心靜氣，了解一下古印度的歷史和文化，看看《奧義書》與《吠陀經》等古籍和一些婆羅門的典籍和儀軌，定當發現所言不虛。

　　世間萬物的發展包括物質上的和思維上的，都有其一定的發展和成熟過程。我們說佛教裏的某些思想或儀軌與別的宗教儀式或思想有類似或相近的地方，此說並無過失。佛陀未於菩提樹下成正果前，也曾於外道處學法。因為我們要知道世間萬事萬物都是互攝互入的，是你中有我，我中有你。我們都是通過學習前人的成果和經驗等知識而成長的。但這並不是說我就是前人，前人就是我。關鍵之處是能推陳出

新，發前人之未發，此乃第一要義。佛陀能兼容各方之長，為其所用、再提出那石破天驚的緣起大法，使蒼生能共沾法雨，離苦而得樂，進入那涅槃寂靜之境，功德無量。

敢問謗佛之說又從何說起！

據《涅槃經》所宣示：眾生悉有佛性，佛陀更指「闡提成佛」之訓誨。闡提者何？意云斷絕一切善根，無法成佛之人，甚至誹謗佛法者亦能成佛，從而確立眾生皆能成佛的教義。本人之善根雖屬頑劣，但尚未至斷絕之境，是以公博先生對我的「祝福」有否過頭了？先生在你的文章中提及修十善、四無量、六度萬行等菩薩行的修行方法，但從先生筆下所浮現的卻不見對不同意見或異見者的寬容、憐恤和悲心。滿目皆是憤恨、絕殺之情。莫非此等情懷乃承傳自該第三世多杰羌佛對其他宗派大德的刻薄評論和言詞乎！汝等心量何其小哉！

佛法與般若

以下是我對佛法的一點體會，若有偏離或誤知誤見，乃因余之鈍根，望公博先生多所包容為盼！

佛法者何？乃佛陀住世時向信眾宣示之言教也。佛陀慈悲，基於蒼生各有不同之根性或悟性，而開出八萬四千法門，而因人施教，隨機說法，以渡化眾生。是故法無定法，然後知非法法也。所以修佛者對佛所說法的覺悟了知，成功與快慢亦因應個人的具體情況而定。在佛弟子中，以解空第一的須菩提言：「如我解佛所說義，無有定法如來可說。何以故？如來所說法，皆不可取，不可說，非法，非非法。所以者何？一切聖賢皆以無為法而有差別。」佛又說：「須菩提，所謂佛法者，即非佛法。」

所以佛法之真諦要用心來領悟，要懂意會，因為世間之語言文字之表述均有其局限性。由於各人心境不一，對佛法之覺悟必有所落差，所以佛教我們不可把經文上所載的語

言文字所指述的佛法與法的真諦義等量齊觀。是故，法由意會，佛由心生。只有以盡心，盡性，盡意來悟，才能以我們的覺心得到真正的佛法。所以甚麼是佛法，不是單靠文字言教而說個明白，需要靠行者身體力行去證悟。如人飲水，冷暖唯自知！若非親身體驗，多說無益，亦於事無濟也！

　　般若之時用，大已哉！其理安在？因為般若是直接顯示諸法實相原本如此，歷來亦如此，無窮無盡，它不生不滅，不常不斷，不一不異，不來不去。它是「非有」，「非空」，「非亦有亦空」，「非非有非空」。《般若經》般若行相品云：「不取有，不取非有，不取亦有亦非有，不取非有非非有，於不取亦不取。」

般若者簡而言之：智慧是也！

　　那麼般若究竟是什麼？簡而言之，乃一「智慧」字。然而則何以曰「智慧」？我們試從般若之體，相與用三方面來簡單言明。

　　（一）般若之體，即實相般若，是故其體也空，故佛說無性，又說，「無所有」。

　　（二）般若之相，亦是空。般若相之空，是為「無相」。其所顯的是為「無所得」。因其無所得故，是以名為相空。這是般若的空相。

　　（三）般若之用，即觀照般若，即觀察智，乃般若之妙用，而其妙用也空，所以佛說「無住」，而「無住」就是「無所取」。

　　然而，當我們在解讀般若之空性而不覺知道「有」，而墮落兩邊而有所執，則有違佛法圓融之大義！

　　那麼，甚麼是佛說的空義呢？要回答這個問題，需從佛所說的緣起法談起了。如何談透，則非我這鈍根能說明，是故讓我嘗試引如下的經典以說明之：

● 龍樹菩薩在《中論》中說「因緣所生法，我說即是空。」

●《十二門輪》說：因緣所生法，是即無自性。

●《般若經》云：「一切法自性不可得，自性不可得即一切法之自性。」所以一切法皆空，空性是一切法的自性。

　　所以一切唸佛、學法的人都希望能證得無上正覺。佛是這樣教導我們的：「以無我、無人、無眾生、無壽者，修一切善法，即得阿耨多羅三藐三菩提。」就是修一切善法，諸惡莫作，眾善奉行。而非靠「神通」之術（雖則佛陀也擁有神通之力）以達成。

　　因此，佛法與般若是一個錢幣的兩面，若離開般若而說佛法，是瞎子摸象。單空談佛道而不懂般若之妙用，則是鏡花水月或水中撈月，終極茫然，流於空談而已！

　　至於那位經常標榜「神通」的第三世多杰羌佛，說他能頃刻之間由八十多歲的老翁轉變為十多歲的美男子，其美貌更勝一個美女子，如此怪異之神通，恕我孤陋寡聞了。但若這位「佛」能從香港往美國而不用坐飛機或其他交通工具，或在美國移民局和海關時，不用出具身份證明文件或有效簽證等可自出自入，則可證明該「佛」真的具神通力，否則如公博先生所言：戲論罷了。然而縱使真有如此「神通」，於弘法利生並不見得有何所裨益！汝意如何？

結　語

　　在總結我這篇妄語時，我不打算和先生吟詩唱和。而是引用《金剛經》中的佛所說偈作結，偈曰：

　　　若以色見我，以音聲求我，是人行邪道，不能見如來。

　　願公博先生吉祥！

（原文發表於《前哨》雜誌2014年9月號）

爾曹身與名俱滅，不廢江河萬古流
——答公博先生書

2014年11月

公博先生大鑒：

先生在前哨雜誌10月號的宏文拜讀了。感謝先生不以余淺陋，竟然以長篇累贅篇幅「白癡」地和一個幼稚園的小孩來談「大學博士」課程，真的罪過、罪過。本來打算對您的「開示」與「訓誨」抱逆來順受態度，算了！所謂人之不同如其臉，或許佛陀有見及此而開出八萬四千法門和隨機或當機說法以開導眾生吧！但有部分人卻擁抱著一些：越墮落越快樂的基因，自覺地享受和企圖要他人一齊分享其沉淪之樂，奈何！

明人不做暗事

先生於文中云：「如果要罵你的話，我早就把你的陳年舊事給曝光了。因此我絕不會傷害你、罵你。」其實先生這樣做，真的如魯迅先生的一首打油詩中的一句：「殺人如草不聞聲」，實際上先生把我送上了斷頭台。眾所周知，我

所發表的兩篇文章均以實名發表，表達了我對佛教之傳承與佛法的個人體會，是心懷坦蕩，暗室不欺，光明磊落。為自己言行負責，是個勇於承擔的人。所以敢以真面目示之天下人前。因此，先生行文中指「陳年舊事」，讓一些知道薛浩然這個人，卻不熟識和真正認識我的人，以為我過往曾經做過一些見不得光、偷呃拐騙、殺人放火的壞事，讓您找著把柄，而帶有脅迫之意。因此，我能保持緘默嗎？

相反地，並遺憾地，我卻感覺到公博先生有藏頭露尾的味兒，若推測不錯，兄台所用公博之名並非先生之真實姓名或法號。若是，則先生為何不以真名實姓示人？若有所懼，則所懼者為何？據您文章中提及那位「南無第三世多杰羌佛」對我這一個「邪惡見者」都能愛護關照，為何先生還是要掩藏自己，不讓天下人知道您是誰呢？莫非真箇是明刀易擋，暗箭難防嗎？

「離苦得樂」

佛教作為世界三大宗教之一，正如其它的所有宗教一樣，其終極意義和目的是使眾生能「離苦得樂」，特別是脫離對死亡的恐懼。了卻生死這一人生大事，亦即佛陀降臨人世間的一大因由（按佛教的說法）。所謂修行與解脫均成佛之方法也，那麼，佛者何也？佛，覺也。佛簡而言之是一有覺悟之人，亦指聖者。自覺覺他，大乘之道也，有點兒類似儒家之推己及人之精神。是故從狹義角度言之，佛者亦人也。從這個觀點出發，世上是沒有「生而知之者」，就算是當今藏傳佛教的靈童轉世制度下的達賴喇嘛或大寶法王等大活佛，在其獲認證後或座牀前均雖由經論師進行傳法和指導。舉個例子：禪宗六祖在獲五祖傳燈後，連夜離開祖廟，恐防為他人傷害。五祖親自在後山為六祖擺渡過江往南走時，六祖謙信地對師言：怎可由師撐船送弟子呢？五祖於

是說了一個偈以點化六祖，偈曰：迷時師渡，覺時自渡。因此，睿智如六祖也得有所師承。是故佛陀以人身顯現世間，也得明瞭世間法才能更好引領和教化眾生達致「離苦得樂」免入六道輪迴之苦難中。這是謗佛、謗法之行為嗎？

相反地，我按照「公博先生」指示，看了兩遍《第三世多杰羌佛說什麼叫修行》一書，對「修行」一事卻真的有點增廣見聞之感。惟閱讀到第50頁至54頁時，卻發現其文甚有意思，現僅全文撰錄於後以供讀者裁決：

> 利益眾生的修行法講完了，但是有損眾生的事隨時在發生，那就是借用我的名義損害眾生利益的事，現在我要再次提醒一個特別重要、大家要引以重視的問題。
>
> 目前，世界上有些法王、尊者、仁波且、法師、甚至居士都說他們是我的親信，代表我處理某件事情、或轉達我的話、或把他們自己講的說成是我講的。其實，在顯密一宗、各大教派中都有我的弟子，無論該大德是什麼身份，沒有任何人能夠代表我，哪怕是一件很小的事情都不能代表！唯獨只有這個人持有我發給他的專用文書，上面註明他代表我處理某一件事，這個專用文書上有我的簽字和指紋印鑒，同時配有相對應的錄像，那麼這個人可以代表我處理該文書上規定的事情。再者，無論這些法王、尊者、仁波且、法師的地位有多高，他們的見解、開示、講法，都不能代表我的觀點，都不能作為正知正見的標準，我只知道我本人的開示和文論是正法無偏的，因為我的開示和文論是真正利益眾生，解脫眾生的。而且，任何人不能以任何方式增刪、修改我的文字或法音，如有對其作偽者，無論此人身份多高，此一定屬於邪見或入魔之人。因此，大家如果沒有親自見到蓋有我的指紋印的

文證、並配有我親自所講與文證相應的、完整的錄
音或錄像的憑據，除此兩點之外，無論是什麼佛教
徒，包括長期在我身邊的聖德弟子，他們的一切，
其想法、做事、語言、文章均是他們自己的行為，
絕對不能代表我！

因此，我斗膽請問「公博先生」是否已獲第三世多杰羌
佛的允許，包括：指紋印，完整的錄音或錄像等憑據。否則
閣下所言並不能代表該佛，且有謗該佛與法之嫌也！

嗚呼！

言雖有窮而情不可終也，謹以此書以答謝先生之厚愛！

釋迦牟尼世尊乃佛教之始創者，二千五百年以還均為世
人所信受，毋庸置疑，不容僭越和僭建。此乃不廢江河萬古
流之謂也！

願先生吉祥！

（原文發表於《前哨》雜誌2012年11月號）

附一：書籍序言

《二十世紀香港詞鈔》 ——序言

2010年4月

今天，我們已經邁進了21世紀。

20世紀已成為我們歷史的一部分。然而，每一個中國人都不能忘記，也不可能忘記，這一個在中華民族發展進程中具有深刻印記的一百年。

在那20世紀的一百年內，我們看到了由孫中山先生領導的辛亥革命推翻了二千多年之封建皇朝制度，創立了共和政體。其後軍閥混戰，經歷北伐戰爭，成立國民政府，使中華民族盼到了一個休養生息的機會。但好景不常，七七事變發生，中國又隨即陷入八年艱苦抗戰的悲壯歲月，在日本軍國主義的鐵蹄下，中華民族又經歷了一場幾乎滅頂大災劫。正當全國人民歡呼抗日戰爭勝利的到來，但還未真正嚐到那勝利的果實時，又發生國共內戰，老百姓又重過人亡家散、顛沛流離的日子。1949年之後，又經歷了不少波折，才終於在世紀之末顯現出小康社會的曙光。

香港由於殖民地的背景，在20世紀成為中國政治、經濟與資金的避風港，漸次形成一個以中國人為主體的偏安局面，原來的小小漁港，發展成為在南中國具有舉足輕重的城市。在經濟繁榮的情況下，具有不同背景與帶著不同動機而南來香港定居的大陸人士，其中包括了不少騷人墨客、學者、文人，他們與香港原來的文化人，共同推動了20世紀香港的文化活動，豐富了香港的文學寶庫。當中的大量香港詞

體作品，就是在這樣的背景下誕生的。

　　文學作品是反映風土人情、社會狀況和意識形態的。由於香港是一個以華人為主軸的地方，20世紀香港的詞作，除體現了香港的特點，不可能不同時也體現了中國政治經濟和中華文化的具體格局影響，因而成為寶貴的文化財富。一個民族，一個國家，一個城市，如果沒有文化底蘊，是沒有生命力和朝氣的，是不可能持續發展的，就等如是一具沒有靈魂的軀殼而已矣！因此，香港人填寫的這些詞作，應該好好保存下來。

　　方寬烈先生是文壇名宿，是香港土生土長的文學家與詩人，一貫以來，積極推動和發展本土文學，先後收錄了一千一百闋詞作，集結付梓。作者合共都是上世紀生於香港或暫居香港的詞人。內容豐富多彩，包括憂國憂民，吟風詠月，男歡女愛，感物傷懷，離愁別緒，亦有奮發勵志之作。當中或偶有偏離詞律規範者，絕不可能以一眚而掩大德也。讀者閱讀這本《詞鈔》，對香港上世紀的人文情懷，社會的任務，風情與社會狀況，定能有所理解和體會。今天香港的年輕人，尤其是應該多接觸一點舊文化，包括詞題文學作品，或接受一些經典訓練。正如朱自清先生曾經說過：經典訓練的價值不在實用，而在文化。

　　《二十世紀香港詞鈔》是一本難得的香港詞題文學專輯。近年來香港大力推動本土文化，這本書真好就是本土文化的一顆明珠了！

　　是為序。

二零一零年四月於香港

（原文載於《二十世紀香港詞鈔》）

《世界葉氏總譜》——序言十九

2012年

　　吾友肇夫兄與余相交逾廿載，乃性情中人，為人豁達而念舊，守諾重義，有孟嘗之風，閒暇雅好文史，尊儒禮佛，懷家國之情。際此禮崩樂壞，唯利是圖之世，實鳳毛麟角矣！

　　前時知悉肇夫兄眾望所歸，為世界葉氏族群一致推舉為世界葉氏總會總會長。不知情者感認為肇夫兄邁出沽名釣譽的第一步也，余心也戚焉！莫非葉君終也跳不出人世間之名利場乎！

　　然今仲夏之日，肇夫兄約余飯聚，席間出示文稿乙章，厚尺許，告余曰：愚兄正著手編纂「世界葉氏總譜」一書，共十冊。第一冊之清樣已初成，現與汝過目。驚愕之餘，手奉目覽。雖該書為葉氏家族譜，惟其旁徵博引，自葉氏一族之緣起，歷代之興衰與中國五千年之歷史互為引證，融會貫通，對影響中國文化至為深遠的儒、釋、道和歷史重大事件與人物均有重點闡釋和簡介，洋洋灑灑，數十萬言，圖文並茂，內容豐富，加上印刷精美，清樣已使人賞心悅目，遑論日後付梓成書乎！余當下暗忖，此譜書成之日，定為中國家譜之楷模，傳世之作也！感動之餘，葉兄更語出驚人，囑余為該譜作序，余三尺微命，一介寒酸，豈敢班門弄斧，貽笑大方哉。推卻之餘，肇夫兄語重深長勉余曰：「但書無妨。余所求者非文過飾非之

章，舞文弄墨之句，所貴者印心之言矣！」情詞懇切，因感其誠，惟勉力為之，謹綴數言，以躬其盛。

夫佛法之基本乃建基於諸法由因緣而生，故佛陀在《雜阿含經》卷十開示曰：此有故彼有，此生故彼生；此無則彼無，此滅故彼滅。後人奉此為：緣起偈。「因緣」者，乃事物存在的條件和關係，世上的一切事物與現象都處在相互依存之條件與關係中。當條件在，事物就存在。反之事物就衰落、消亡。是故，世上根本不存在脫離條件而能獨立存在之現象與事物，此乃對立統一和辯證的關係。是故家、族、國之存亡興替亦應作如是觀。

家譜或族譜之編纂其終極的意義與目的並非單是讓吾輩知悉吾等是否系出名門，祖先姓甚名誰，何方神聖？慎終追遠，目的除了族群的認同外，更重要是確立小我和大我的關係，從而釐清個人在家庭中之定位和身份，名份的確立，對家庭、宗族、社會和國家都十分重要。所謂名份已定，則各司其職，各盡其所能和應盡的本分與義務。誠如儒家倫理學云：君臣、父子、夫婦、兄弟、朋友等。是故，名正則言順，否之則何以盡忠，何以盡孝，何以盡義，何以為信乎！

家、族、國乃三位一體，缺一則不成。故無家則無族，無族何以成國。國存則家在族在，國強則家興旺。是以家譜或族譜之編纂，乃功在社稷，不朽之盛事。通過家族譜，人們更能深深體會何謂血濃於水，何謂國家興亡匹夫有責。為何中華民族的偉大復興是每個中華兒女都要按其份盡其應盡之責任與義務。這是緣！

修譜之大德藏於斯矣！

是為序。

歲次公元二零一二年冬日

（原文載於《世界葉氏總譜》）

新界鄉議局成立九十周年獻辭

2018年

　　盛哉！我中華民族源遠流長，禮義之邦也，創造出光輝燦爛的文化，於今延綿不絕。藉文治武功開拓多個盛世，然而亦曾陷於底谷沉淪。積弱垂百年矣！自改革開放以還，萬眾一心，國力日盛，然內憂外患仍存，國人未敢稍有怠慢之念。雖有香港與澳門故土回歸，惟兩岸仍是分隔。大一統之夢未圓，然兩岸「九二共識」之確立，家國團圓之夢，已奠下堅實之基礎，指日可待矣！現今小康之局已成，盛世初露端倪，詩曰：不是一人能領導，豈容百族共團圓。習近平主席功在社稷，民族之光也。

　　新界地處南中國之濱，自漢、唐、宋、元、明、清諸朝已有中華民族子孫先後開基於此。今稱原居民者，均乃其子孫後代。中華民族之優良傳統和文化亦與中華大地一脈相承。百年來雖處英殖民統治，惟中國心，民族結，未嘗有一日之分離，簡而言之：愛國愛鄉之謂也。

　　公元1898年之際，正國弱民窮之時。身處邊垂之地的新界鄉民，既不敢盼望朝廷護其權益，惟靠團結以自保，何其悲壯哉！然則鄉民之所以能精誠團結，以螳臂之力，擋英人先進之火器，背後的精神為何?力量何來? 細味之，不覺恍然而悟，實乃根源自中華民族的偉大文化與傳統之兩大法寶。

其一曰: 守望相助 ; 其二曰:血濃於水。

　　守望相助者，乃建基於中國傳統農耕文化與儒家思想。常言道:遠親不如近鄰，近鄰不如對戶;一家有事，萬家幫忙。這亦突顯出在中國傳統農村社會與近代城市文化人際關係的差異。

　　血濃於水者，則是傳統氏族社會團結與凝聚之血緣紐帶。鄉者，乃中國農耕文化，而有別於西方之社會概念。農村社會大多聚族而居，或通過婚姻關係相互強化結盟以拒入侵者。

　　新界鄉民乃依賴此法寶之承傳而團結禦外侮。此亦解釋了新界何以能精誠團結及其戰鬥力之來源。由是觀之，每臨多事之秋，外部力量挑釁分化之時，鄉民等均能化阻力為動力，洞悉其奸。識大體，明大義。此乃這族群生生不息，薪火相傳，繁衍至今仍燈火永續!

　　換言之，新界鄉議局乃新界鄉民之大祠堂。是鄉眾依止的棟樑，是一個為保衛自身之權益與傳統聚眾而成之組織。鄉議局前身乃九龍租界維護民產委員會，成立於1924年，其後於1925年改名為「租界農工商業研究總會」。成立之肇因乃反抗當時港英政府強迫新界鄉民於農地建屋須補價之建議。後在1926年經總督金文泰查明，取消該建議，並建議將該組織定名為「鄉議局」。

　　茲自正名始，鄉議局經歷了幾許風雨，物換星移，至今已歷三十四屆，共九十寒暑矣。

　　局之發展過程概括而言，可劃分為四個里程碑。

　　第一個里程碑，乃由粉嶺鄉人前清秀才李仲莊先賢會同彭樂三、鄧煒堂、鄧勳臣等諸君子領導鄉眾揭竿而起，為新界鄉眾的合法、合理之權益進行鬥爭，為鄉議局奠定了方向與基石。

　　第二個里程碑，乃1959年港英政府通過香港法例第1097章《鄉議局條例》，把鄉議局正式納入成為香港政府在新界

事務上的法定諮詢組織。確認鄉議局乃匯集和代表新界民意的場所，地位崇高，非其他民間組織可比。官民若有糾紛，鄉議局即肩負橋樑之責，助政府與鄉眾排難解紛。此時期的代表人物有何傳耀，陳永安，黃炳英，鄧乾新等諸君子。

　　第三個里程碑，乃陳日新與張人龍主席等主政時期。港英當局對新界原居民按傳統和大清律例可以在農地上建房的權益進行統一規範化，逐於1972年制定《新界小型屋宇政策》，俗稱《丁屋政策》。此一政策，對日後新界原居民的福祉，影響殊為深廣。期間，適值港英當局在新界進行大量基礎建設，如水庫、道路與新市鎮之發展。官民在徵收民產和土地時，對拆遷安置、賠償等事宜上爭端不斷。陳日新主席據理力陳，引用中英《展拓香港界址專條》，並聘請三位當時法律界泰斗撰寫一份《共同意見書》，以法律觀點審視港英當局在收地賠償等政策之執行，實有違中英雙方條約訂明的權利與義務。此《共同意見書》使英廷震驚，責成港英當局妥善處理，按律辦事。嗣後，港英政府成立「徵用新界市鎮土地研究委員會」，並委任簡悅強爵士為主席，處理新界徵收農田及屋宇的賠償問題，其機制沿用至今。

　　第四個里程碑，乃劉皇發主政時期。劉氏自1980年起出任新界鄉議局主席一職至2015年，共連任十屆，三十五年之久。一生歲月，均投入新界的鄉政事務，深得鄉民擁戴，並尊之為「新界皇」。劉氏提出「發展新界，繁榮香港」方針。數十年來，新界的都市化與多個新市鎮的湧現，其功自不待言。劉氏成功爭取把新界原居民族群的傳統權益寫進《香港特別行政區基本法》第40條，確保新界原居民的合法權益受到香港特區政府的保護，真定海神針也。《基本法》第40條所涵蓋的權益乃憲制性的權益，對其他行政法規等，具凌駕性，是新界鄉議局九十年發展過程中最具歷史和現實意義的重要一章。

　　劉氏對局務發展的另一重要安排，乃倡議新界鄉議局大

樓的興建。現今大樓美輪美奐，開會議事，職員辦公均有一舒適環境。

在鄉議局慶祝成立九十週年之際，劉氏卸任主席，轉由劉業強主席繼任。正是珠玉在前，任重道遠。正氣歌曰：哲人日已遠，典型在夙昔。新一屆的鄉議局在劉業強主席領導下，在歷屆先賢艱苦奮鬥開創出來的道路上，奮勇前行，以自強不息，愛國愛港愛鄉，與廣大的原居民族群精誠團結，戒驕戒躁，與一切平等待我之社群、朋友們攜手為祖國的富強，為香港社會的繁榮穩定，為新界社會特別是鄉郊社會和旅居海外的鄉親們的福祉而努力。

前路雖曲折，先賢導我前，國強家興旺，後繼有來人。

特泐碑以誌其盛

附二：立法局辯論發言

立法局發言：動議辯論
——關於越南船民的收容意見（一）

1989年5月

李鵬飛議員提出以下動議：

「本局鑑於越南船民甄別政策是否可以奏效，須視乎能否把所有經證明並非難民身份的船民成功遣返越南，及協助所有難民移居海外，現謹促請英國政府履行其責任，發揮領導作用，積極推行有效的遣返措施，以及率先收容更多滯留本港的難民。」

薛浩然議員致辭的譯文：

主席先生，過去數星期來，越南船民大量湧入本港，所引起的問題已迅速惡化，瀕臨出現危機的程度，相信沒有多少人會不同意這看法。除了在1988年6月16日本港實施甄別政策前抵達的 14000 多名越南難民外，本港各羈留中心尚有逾 18000 名越南船民居住；此外，繼續抵港的越南人每日超過 300 人。

事實證明，抵港越南船民急劇增加，已對本港資源構成極大的壓力；市民與大批越南人毗鄰而居，所受威脅愈來愈大，他們因而對本身的安全極感關注；此外，沉重的財政負

擔，更令市民強烈反對香港繼續扮演第一收容港的角色，以及反對繼續接收新近抵港的越南船民，即使他們甚少能符合難民身份。我們大可這樣假設，相信亦不會出錯，就是近年來抵港的船民，大多只因經濟理由，而非因懼怕受到迫害而離國。

主席先生，我最近曾仔細閱讀聯合國難民專員公署就「庇護的概念與香港有關當局的責任」所撰的一份正式文件，文中指出，1967年有關地域庇護問題的聯合國宣言證實，只有在基於「最重要的國家保安理由或保障居民」的情況下，方可豁免遵行接納尋求庇護者的原則。此外，該文件亦聲明，參與1967年日內瓦會議的國家「矢志給予全力支持，以確保區內作為第一庇護地的國家會獲得足夠的援助，從而應付它們在履行義務時將會面對的負擔」。

因此，明顯可見，1979年日內瓦會議商定，越南難民大量湧入東南亞各國乃一項國際問題，需要世界各國同心協力予以解決；與會各國同意，作為第一庇護地的國家將會繼續堅守不拒絕抵境越南難民的原則，另一方面，其他國家應予合作：或給予經濟援助，或提供收容額。

香港一向恪守1979年日內瓦會議的協議，從未將任何抵達本港水域的船民拒諸門外，但使香港人氣餒的是，世界各國並未履行1979年日內瓦會議的協議。由於收容國削減收容額以及採取較嚴竣的難民甄選準則，難民移居海外國家的機會已告減少；不獨如此，本港更需就滯港越南人的開支負擔較大部份費用。聯合國難民專員公署以本港實施禁閉中心政策為藉口，拒絕提高其對香港的經濟承擔，並以財政資源為談判的本錢，迫使香港開放禁閉中心。

儘管香港面對種種困難，以及越南的基本情況有變，我們從未嘗試強迫任何船民返回越南。我們更為越南難民和船民提供良好的居住環境。有時我不禁會想到，本港的難民中心和羈留中心的居住環境是否會吸引更多越南船民前來而非

起阻嚇作用。我深信，他們所享有的居住環境，較本港一些臨時房屋區居民的住所為佳。在此情況下，世界各國怎可以仍指責香港以不人道方式對待越南船民？香港已盡其本份，現時正是各國採取果斷行動，效法香港自1979年以來努力嘗試克服越南問題的方式，解決此問題的適當時候了。

主席先生，近年抵港的越南船民，大部份只因經濟理由而離國。嚴格來說，他們並不符合難民身份，故應根據國際公約遣返越南。實施甄別政策，正好顯示香港決心繼續遵守不拒絕及不得強行遣走尋求庇護者的原則，並證明我們設法確保那些因各種理由而真正害怕會受迫害的船民有機會申述其情況。甄別船民的安排，是船民問題長遠解決辦法的一項要素，因為我們沒有可能要求世界各國永無止境地繼續承擔因越南經濟失敗而引起的重擔，這對它們並不公平。

然而，我擬在此提出一點忠告，就是甄別政策有助於減少難民的數目，從而紓緩收容國的負擔；但與此同時，由於未能肯定越南政府會接受所有經甄別不屬難民而被遣返的船民，甄別政策意味作為第一庇護地的國家須承受較沉重的負擔。

因此，在即將於本年6月舉行的日內瓦會議中，香港的經歷足為其他作為第一庇護地的國家借鑑。世界各國只有取得越南的承諾，同意接收所有經甄別不屬難民而被遣送回國的越南船民，甄別政策才能奏效。因此，我促請各國在日內瓦會議尋求達成此目標。由於這些人士並不符合難民身份，故應予遣返原屬國家，不論我們稱之為強行遣返、當然遣返或只稱為遣返，亦沒有分別。然而，即使不屬難民身份的越南人，世界各國，特別是參與1979年日內瓦會議的國家，仍有責任為他們作出適當安排。這項責任雖然沉重，但該等國家絕對不得藉詞推卸。此外，要求本港無止境地支付船民費用而背上沉重的經濟負擔，亦有欠公允。倘目下無法謀求解決問題的辦法，則世界各國最少應分擔船民的費用。

主席先生，現在我想談談解決問題的長遠辦法。我認

為世界各國應在本年6月舉行的日內瓦會議中致力謀求解決問題的辦法。安排越南難民移居海外及把越南船民遣返原居地，是解決問題不可或缺的兩大步驟。倘各收容國不肯重新作出承諾，增加收容難民的名額及接收長期滯留在第一收容港的難民，則解決大批難民在該等地區所引起的問題便機會甚微；甄別政策若要取得成果，先決條件就是把經甄別為不屬難民身份的船民全部遣返原居地，這也是阻嚇越南人不再大批逃離國土的唯一辦法。

然而，我們必須正本清源，始能徹底解決越南船民問題。倘越南人尋求更佳生活的誘因一日不除，則籲請越南政府遏止其人民大批離開本國及收回離國的人民亦會徒勞無功。因此，世界各國應採取積極行動，切實協助越南政府重建其飽受戰火蹂躪的經濟，這點至為重要。

主席先生，說到英國應承擔的責任，我深信本港全體市民都會同意，英國應責無旁貸，率先在國際間尋求可及早解決香港越南船民問題的辦法。我不得不問，何以英國認為已盡其本份協助香港解決此問題，一如其處理國籍問題一般。鑑於過去兩年來英國每月僅能收容 20 名滯港難民，我們又焉能期望其他國家增加收容滯港難民的名額呢？更令人失望的是，英國政府表示願意增加收容 1000 名滯港難民但卻有附帶條件，我得強調，是有附帶條件，即其他收容國亦須同意增加收容額，倘希望世界各國響應我們在此作出的呼籲，英國最少亦應令人覺得它是關注本港越南船民問題的。

然而，往者已矣，重提亦於事無補。我希望在今天的辯論結束後，香港政府會把本局議員的堅決意見及本港市民的強烈感受，一一向英國政府反映，並促請英國政府發揮帶頭作用，率先在國際間尋求解決問題的長遠辦法。

主席先生，近數星期來，由於大批越南船民湧至，致使本港的情況日趨惡化，故更有迫切需要爭取在即將舉行的日內瓦會議中謀求解決辦法。我衷心希望主席先生在該次會

議席上，就其他國家罔顧東南亞地區第一收容港所面對的困境，反映本港市民的強烈感受。倘美國等國家真正關注這個問題，並希望我們盡可能以人道方式對待越南難民和船民，則該等國家亦應以人道立場對待本港市民，並採取積極行動，解決本港的問題，而非任由我們獨力支撐。

近日有新聞報導謂，聯合國難民專員公署東南亞及太平洋區事務主管在與主席先生會晤後表示，對於日內瓦會議會否討論「當然」遣返一事，他並不感到樂觀，我對這種說法深感憤怒及詫異，所謂「當然」遣返，不外是把不屬難民身份的人士一概送返原居地。在一個為尋求解決越南船民問題辦法而召開的會議中，竟連當然遣返這個達致長遠解決辦法的其中一項要素，亦不會獲得認真的考慮，實令人深感遺憾。

主席先生，保安司在本年2月答覆本局其中一位議員的質詢時表示，長遠而言，甄別政策能否奏效，「須視乎能否阻止船民來香港，以及遣返的人數和移居收容國的人數而定。」根據上述衡量標準，除了界定哪些越南人是真正的難民之外，本港現行的政策似乎並無一線成功的希望，我們正陷入一個局面，就是只可被動地應付強加於我們身上的危機。終有一天，本港市民會無法忍受這種情況，而這個日子距今已不遠。除非世界各國採取積極行動，否則，本港會在謀求自救的情況下，被迫採取新的措施，屆時當會使世界各國感到不快。畢竟，主席先生，作為一個富責任感及順應民情的政府，本港政府的主要任務是照顧市民的利益及符合其意願，而其他各項考慮因素只屬次要。

最後，我想特別向懲教署、民眾安全服務隊、警務處、各區政務處及政府各有關部門的人員致意，感謝他們肩負起管理難民及船民中心這項艱鉅的任務。誠然，我們亦須讚揚本港市民，直至目前為止，他們仍能以應有的冷靜和容忍態度對待這個強加諸我們身上的問題。

主席先生，我謹此陳辭，支持動議。

立法局發言：動議辯論
——關於越南船民的收容意見（二）

1989年11月

李鵬飛議員提出下述動議（譯文）：

「本局促請英國政府盡快決定以今年六月日
內瓦國際會議制定的綜合行動計劃，或與越南政
府透過雙邊協議，執行當然遣返越南船民政策，
將不屬難民的船民遣返越南。」

薛浩然議員致辭的譯文：

主席先生，正如剛才許賢發議員所說，立法局在短短的
半年內已經先後就越南船民問題進行了兩次動議辯論，是一
比較少見的現象，同時，亦足以說明越南船民問題對香港社
會所造成的困擾衝擊和影響都很大。但我相信，假如第一收
容港的政策不取消，在今屆的立法會期內，將可能會有第三
次的辯論。因為根據今次動議辯論的內容來看「強迫遣返」
是一個治標不治本的方法。而且，這個治標的方法本身亦存
在很多疑點，須要等待澄清，例如：

（一）遣返船民的運輸費用由誰負責？

（二）遣返船民的每批人數和時間表如何安排？

（三）給與每名被遣返船民的津貼是多少？由誰支付？

此外，據外電報導，強迫遣返費用將由香港和英國分擔，我覺得這是一個不合理的安排，因為香港是代表西方收容國進行甄別，因此，被甄別為非難民的船民的遣返越南的費用和開支，應該由聯合國共同負擔。

主席先生，最近有報導指英國政府已經和越南政府就強迫遣返問題達成秘密協議，以及給從最近英國首相戴卓爾夫人在美國發表有關被甄別為非難民身份的船民應與中國的非法入境者一樣對待、遣返越南等談話似乎令到今次的動議好像變得毫無意義，因為從英國政府的有關領導人和政客的言論來看，他們最近都好似轉了性，再不需我們敦促，都一窩蜂地支持香港實施強迫遣返政策。因此，在我們為英國最近一連串行動準備喝采前，是否應該細心想想，當年未經港人同意而將香港作為第一收容港的女皇陛下政府難道突然間變得對香港如此眷顧呢？真的以我們香港的利益為重呢？主席先生，我對此有很大的保留，遠的有修改國籍法，將香港數百萬英國護照持有人在中、英前途談判前就將大門關上。近者有象牙貿易協定，英國政府完全罔顧香港的情況，率先帶頭簽訂有關禁運象牙製成品的協議，使香港的象牙出口業和整個行業的工人突然陷入困境。因此，我建議任何英國與越南就強迫遣返滯港越南船民達成有關協議前應該先行徵詢或得到本港的同意，目的是避免香港再一次被出賣。

此外，我亦想探討本年6月各個國家通過的所謂CPA綜合行動計劃，究竟是否有如保安司和美國國務院發言人昨天晚上透過電視螢光幕所講，是全盤解決越南船民問題的最有效方法表示懷疑。所謂CPA計劃所包括的四個重要因素：(1)第一收容港；(2) 船民甄別；(3)安排難民移居外地；(4)遣返非難民。

　　如果我們仔細分析，不難發覺該項行動計劃只對英、美等收容國有好處，而對香港這一類在東南亞地區扮演第一收容港角色的地區和國家可算是有百害而無一利，因為行動計劃中四項中的一、二、四項均由扮演或執行第一收容港政策的國家和地區去獨力承擔，這些無止境的人力和財力的投入，而英、美等西方只是負責難民移居和收容。從過往幾年西方收容國大量收縮收容額和自甄別政策實施以來，絕大部份抵港的船民都並非政治難民的事實說明，所謂綜合行動計劃是西方以英、美為首的收容國將船民問題通過第一收容港政策而轉嫁給東南亞地區包括香港在內的第一收容港。假設強迫遣返經甄別為非難民身份的船民能夠成功，並不等如他們不會繼續前來香港。因為只要第一收容港政策不取消，我們有理由相信這些飽受戰火蹂躪的越南人仍然會絡繹於途，經過甄別，僥倖的成為難民，不幸的變為船民，然後在港居留一段日子後，領取安家費，然後等候專船或專機衣錦還鄉去也！

　　因此，歸根結底，強迫遣返對繼續扮演第一收容港的國家或地區來說只是一種「飲鴆止渴」或者是「抽刀斷水」的做法。長遠來說，只有撤消作為第一收容港才是一個徹底的，斧底抽薪的做法。

　　主席先生，現在讓我轉換另外一角度去看看船民問題。正如在主席領導下的政府經常告訴市民大眾的一個信息和信念就是，我們政府不單只是一個尊重民意的政府，更重要的是一個能夠順應民意的政府。

　　究竟香港民意對船民問題的取向在那裏呢？我想本局各位同事將會同意我的看法，就是全港各區議會的取向將是很重要的寒暑表。如果大家不善忘的話，前些時的兩局政制共識方案被視為香港大眾市民意願的重要因素，是因為全港大部份的區議會都先後紛紛發表意見表態支持我們的兩局共識方案，此點充份反映兩局不但只與全港民意同步，同時亦大

大地提高兩局的威信和得到市民的擁戴。

主席先生，各位議員，今天本局亦面臨同一個考驗，就是究竟本局是否能夠有如上一回合的兩局共識方案一樣，再一次與香港民意同步，長話短說就是能否急民之所急。

因為就如何解決越南船民問題上，全港 13 個區議會已經先後就香港應否繼續扮演第一收容港的角色進行了辯論。結果其中九個區議會包括：灣仔、南區、東區、九龍城、黃大仙、觀塘、新界北區、屯門、元朗（荃灣）都表示要香港終止繼續扮演第一收容港的角色，因此，我們有理由相信本局是有責任和有義務將民意如實地表達出來。

主席先生，作為一個富責任感及順應民情的政府，她首要的任務是要照顧人民的利益和符合其合理的意願，而其他各項考慮因素「包括國際義務等」只屬次要的。因此，從這個觀點出發，我們有必要重新檢討越南船民政策，因為政府動用了大量的人力、物力和資源結果換來的是：香港市民普遍不滿、國際人道主義者不滿、聯合國難民專員公署不滿、再加上越南船民不滿，因此，我們簡直是貼錢買難受，香港在國際貿易和國際交往上並沒有因為我們愚忠地執行英國強加於我們身上的第一收容港政策而撈到任何油水。相反地，如果我們的產品不是價廉物美，或貨真價實的話，香港產品根本就不立足於世界市場。

主席先生，「取之於民，用之於民。」是每個政府都不能忽視的施政原則。隨著越南船民的問題日益惡化。政府已經動用大量的資源用於船民身上，包括每日動用約一個警區的警力去應付船民引發的治安問題。我們認為如果第一收容港的政策不變，本港不應該繼續把資源撥用到船民方面，而應該將這些資源用回到香港市民身上。例如將錢撥給老人福利服務，提高老人福利金等。此外，保安科打算動用數億元在大鴉洲興建收容中心，我們為何不將這幾億元用來安置和幫助現在正面臨絕境的象牙業呢？主席先生，市民都希望我

們的政府是一個「取之於民，用之於民」而不是「取之於香港市民，而用之於船民」的政府。

主席先生，閣下在本年度施政報告指出香港與英國的關係一節時指出：「香港政府在管治香港的工作，多年來基本上都是自由自主，並沒有受到制肘。」甚至「我們與英國政府之間如果出現不一致的利益」，「遇到這種情況時，政府都會為香港的利益而據理力爭。」現在香港市民都翹首以待在第一收容港政策上究竟香港政府是如何地跟英國政府據理力爭的！

主席先生，本人謹此陳詞，反對動議。

立法局發言：動議辯論
——港口及機場發展策略

1990年11月

薛浩然議員提出以下動議：

「鑑於港口及機場發展策略的有關工程計劃對本港市民影響深遠，且需動用龐大的財政及人力資源，本局謹此籲請政府從速採取下述措施：

A. 發表所有關於各選擇方案的成本費用、技術可行性及相對效益等方面的重要資料及數據，以及公布政府推行現訂發展策略是以甚麼為根據；

B. 每年向本局提交該等工程計劃的進度報告，從而使本港市民確信所付出的公帑是用得其所的；以及

C. 作出與該等工程計劃有關的重大決定之前，全面徵詢市民的意見，以確保該等決定真正符合本港市民的意願。」

薛浩然議員致辭：

主席先生，我謹就議事程序表所載，提出我名下的動議。內容是：

鑑於港口及機場發展策略的有關工程計劃對本港市民影響深遠，且需動用龐大的財政及人力資源，本局謹此籲請政府從速採取下述措施：

A. 發表所有關於各選擇方案的成本費用、技術可行性及相對效益等方面的重要資料及數據，以及公布政府推行現訂發展策略是以甚麼為根據；

B. 每年向本局提交該等工程計劃的進度報告，從而使本港市民確信所付出的公帑是用得其所的；以及

C. 作出與該等工程計劃有關的重大決定之前，全面徵詢市民的意見，以確保該等決定真正符合本港市民的意願。

主席先生，今日動議辯論的內容和大前提主要是立足於兩個基點上。

第一點，是要確立香港有興建新機場的需要。否則動議內容所涉及對政府的三項要求將會變得無的放矢，而我亦是在這個信念之下向本局提交動議的。

第二點，假如有關發展新機場等大型基建工程的融資由中國政府全力承擔，作為對九七年後的香港特別行政區的見面禮；又或者由英國政府全部包支包結，以作為對港人臨別秋波的饋贈的話，我深信今日的動議將會變得毫無意義，因為市民將會無需擔慮這玫瑰園式的大型基建計劃對香港多年來累積的儲備金有可能被用光，而19萬香港公務員的退休長俸將會受到保障，有關社會服務例如房屋、教育、醫療　服務等方面的開支將不會受到影響。但事實擺在眼前，就是所有有關工程項目的費用將會，亦只會由香港市民去承擔。雖然，從香港長遠利益和策略上去分析，啟德機場的搬遷和新機場的興建是需要的。我相信這一個觀點全港市民是會認同的。但由於新機場計劃耗資巨大，影響既廣且深，作為這項

玫瑰園計劃財政的支付人、使用人、或消費者，以及後果承擔者的香港市民，這個動議就變得十分重要和極具意義，而這亦是本局職責之所在，否則將會有「一子錯滿盤皆落索」的後患。本人不敢想像在九七年後不願離開香港的市民，可能會因失去儲備金而嚎啕大哭。

主席先生，回顧自閣下去年10月在本局宣佈在赤鱲角興建新機場以來，這10個月的公眾反應，是慎重及緩進的。雖然政府不斷加強對這個計劃的層壓式推銷，但抱著善意批評和合理懷疑的態度，以及要求嚴肅地對整個計劃再檢討的聲音正在擴張中，這其實是反映出本港市民的公民意識及社會責任感正日趨成熟，顯露出「港人治港」的曙光。

閣下及霍德爵士等屢次談到港府在機場問題上經已花了十多年的時間，作出無數次的詳盡研究，才在去年決定在赤鱲角興建新機場。因此本局及本港市民無理由懷疑港府的決定。

的確，政府在70年代開始經已展開有關替代機場問題的研究。不但花了達二十年時間，而且近十億元的顧問費和不少政府部門內部的人力物力。它的延誤、猶豫、浪費乃致缺乏效率，比倫敦的第三機場及慕尼黑機場的興建爭議實有過之而無不及。更甚者，這些延誤，都是在政府內部進行，對公眾了解整個事情全無裨益，更談不上公眾的參與和公眾對最後結論的支持。因此，有時間上的浪費和延誤，絕對與諮詢民意無關。

主席先生，閣下之政府有氣魄在這個花費龐大、影響市民及整體經濟的計劃在內部糾纏了近二十年，但卻不願意讓市民大眾有短暫的例如半年或十個月的諮詢期，莫非真的是「只許州官放火，不准百姓點燈」？

無疑地，一些政府官員，甚至政府的年報在這段期間曾多次透露了正在進行的一些研究，甚或顯示了一些「斷截禾蟲」式的文件資料，然而，政府在公佈玫瑰園計劃的一年

後才將僅佔一小部份的顧問報告書送交立法局的有關小組參考。例如：「TR14之建議策略的詳細經濟及財務評估」於1989年8月完成，但卻於今年的11月19日才有一個副本送交立法局。又例如有關港口及機場發展的最後報告書於1989年12月完成，但在1990年10月30日才給與立法局有關機場小組一份報告書，每位議員只能借閱三日閱讀而矣！

因此，這些資料既然可以現在供議員閱讀，為什麼不可以在半年前或更早的時候提供呢？又是否正如港口及機場發展策略的發言人前些時在某份西報上所講，有關該等財務資料均已屬過時，所以才送交給本局各位議員作消閒便覽之用呢？

再者，政府有氣魄在完全沒有經過基本諮詢程序，便私自拍板動用70億元儲備去自行興建青馬大橋，卻沒有膽色去花費多一萬幾千元去多印刷46本有關的港口及機場發展策略最後報告書和財務可行性研究報告供本局議員參考。這些都是令市民百思不得其解的問題！

現在讓我轉入一些較技術性的考慮。

政府一直認為一些私人或團體對機場的建議，是未經客觀的、獨立的評審，而難以確定其科學根據及被接納。

但，大家不要忘記，政府十多二十年來的內部研究，包括委任顧問研究，都是同樣地未經客觀、獨立評審的一些研究，其結果是否可信，非經公開諮詢不可。況且，政府是否採納了顧問的意見，或顧問是否達致清楚和肯定的結論，市民大眾包括本局議員仍是不知的。當然，在某一些事情上，我們可以完全信賴政府會作出合理的決定。然而在這些涉及千多億元，或數千億元的龐大計劃，我們就不能不參考國際慣例，公佈資料和進行公開諮詢的應有程序了！

政府屢次說，我們的研究是科學的和週詳的，赤鱲角的選點是最理想的。既然如此，為什麼它卻不相信市民大眾和我們能同樣地理解這些報告，並負責任地在諮詢期限內讀完

它們，作出我們市民全力的支持？這究竟是報告本身充滿問題，又或者是政府的決定與報告的決定有重大的矛盾？

主席先生，這些疑點政府必須注視並予以解決，以釋市民的疑慮。期望能夠在基建問題上達致上下一致，官民一心，同舟共濟。為達到這一目的，唯一的辦法乃公佈這些關鍵性的顧問報告，並在作出與該等工程計劃有關的重大決定之前，全面徵詢市民的意見。並得到他們的支持和信任。中國古語有云：「民無信不立」。又云：「防民之口，甚於防川。」因此作為一個開明和負責任的政府實在有責任向市民就大型基建計劃作出諮詢，再不能夠以「掩耳盜鈴」的方式去處理了。所謂「民可使由之，不可使知之」的時代早已一去不復返了！

另一個關鍵性的，但使人十分擔憂的，乃其中一份資料（據1987年7月31日的顧問研究指引）引述了政府在1983年對赤鱲角的決定，其內容如此：

> 政府在八三年初對大嶼山北的赤鱲角作出如下的決定：
>
> （一）　在赤鱲角興建一個代替性國際機場是一個不可行的建議，而且亦不是（當時）香港政府所能負擔的；
>
> （二）　對啟德改善設施和延長其使用期的研究要繼續；
>
> （三）　建設一個替代性機場對香港仍有必要，要繼續成為政府的一個公共策略。但是，這應是作為政府遠期發展策略的一部份；
>
> （四）　不應再在赤鱲角地點作任何花費。

主席先生，請原諒我不能讓這個節錄更詳盡，因為我曾對提供有關報告的官員作出承諾，這些資料只用在有關立法局的討論及行使我作為立法局議員的責任上。

赤鱲角的技術性憂慮已有不少專業人仕提出來了。它是否真的不行？我們是需要看到1979至1983年的詳細報告才可以肯定。

然而上述決定，卻亦顯示出建設替代性機場並不是迫切性。我想在這一點上進一步引伸。

經濟科向立法局機場專案小組提供的一份文件指出，政府就啟德飽和這一定義的解釋，政府認為機場跑道以每小時的最高升降為30架次飛機。如果每天有4個小時達到以上的最高升降量，那麼啟德機場就達到飽和，不可能繼續增加其承擔量。至於是否可以通過調動班次，使可容納更多飛機在黃金時間以外升降？經濟司的解釋是它們唯一的可能是飛往其他的機場。這種說法除了急於推銷赤鱲角地址和本來顧問擬定於2001年才需要啟用的第一條新機場跑道要提早4年時間完成，即是將跑道之使用期推前至1997年7月1日，除此之外，是別無意義的。因為：

（一）據經濟科的資料顯示，佔目前啟德跑道使用率37%的航機班次主要是來自中國、台灣和南韓等地區的短途機。所以它們都多以香港為終轉站。因此，它們即在37%之中，基本上是一定要在香港啟德升降，而並無其他選擇的。例如，廣州至香港站來說，難道不停香港，停星加坡嗎？

（二）鄰近和我們競爭的機場，按經濟科的飽和定義有比我們更加「飽和」的。如星加坡彰宜機場，在1989年經已超飽和40%；東京的成田機場超飽和50%；台北的中正機場超飽和20%，只有香港才仍有三分之一的剩餘容量。其實這個飽和定義不是絕對的，它是對有關規劃人員提出擴建或找新機場地點的技術警告。

（三）赤鱲角機場在1997年假若有幸完成第一條跑道，據專家說，它的最大理論密度為每小時47架次。因此，如果飽和點的4小時不能擴展至10小時或以上，赤鱲角可以24小時使用也沒有幫助，因為1997至98年新機場就立即達致飽和

了。霍德爵士所說，1997年第一條跑道落成之後，我們將有很大的容量，因為它不受晚上的限制，可以24小時使用，而第二條跑道的建造期便可以靈活了。很明顯地，霍德爵士與陳太對「飽和」的定義有很不相同的見解。

主席先生，政府在決定在赤鱲角興建新機場最後一剎那前，有沒有向其有關的一些專案委員會諮詢，譬如交通諮詢委員會？據知，交諮會就只在政府公佈前被告知通往赤鱲角新機場會有一條西九龍鐵路。但交諮會並不容許討論該鐵路與其他交通是否協調，及至在容量上是否可行等問題。我亦想借這機會請教深水埗議員和居民，有關新機場計劃在涉及區內的交通路線如何走向固然重要，但你們會否更關心通往新機場的道路收費若干？區內社區設施是否因而受到推遲或被迫取消？政府應否動用儲備及通過加稅以建設這個機場，以及其最核心問題之一，赤鱲角是否最佳選擇，為甚麼不考慮海港西的地點等等問題？這些委員會及區議會並沒有如霍德爵士在三星期前的施政辯論中所言，就這些關鍵的問題被諮詢過。

雖然，霍德爵士將會會同有關高官於本月23日，即兩日之後，就有關大型基建問題向全港400多名區議員和兩市政局的議員進行一個簡報會。但是廣大市民所期望的是真正的諮詢而非點綴式的先斬後奏簡報會。當然，政府能夠開始向有地區 代表性的區議員和兩個市政局的議員進行談話，總比閉門造車為好！

主席先生，在結束我的發言之前，我想引用中國古代智慧結晶之一的《論語》一書中的兩句話：「有容乃大，無欲則剛。」希望政府做到「有容乃大」的境界，就是能夠多聽取市民的意見，容許和尊重不同的意見，而不會因為某些意見雖然正確但因為是非我族類或非友即敵的心態而排斥之。至於「無欲則剛」，我謹以此自勉，亦希望能夠與各位同僚共勉。

主席先生，我謹此動議。

立法局發言：二讀辯論
——1990年城市規劃（修訂）條例修訂草案

1991年

薛浩然議員致辭：

　　主席先生，今天在本局進行的1990年城市規劃（修訂）條例草案的二讀，是近年來被認為最具爭議性的一項草案，使我聯想起約四年前，即1987年3月11日在本局會議廳進行的公安（修訂）條例草案的辯論。當時，政府漠視民意，以公安為藉口，在本局以數手指的方式強行通過了在當時備受指責的公安條例第27條，嚴重地危害了新聞自由和言論自由，換句話說，是剝奪了人權宣言下的部份人權。當時有幾位議員亦因為敢於挺身而出，講了幾句公道的說話而聲名大噪，受到群眾的歡迎和擁戴。

　　現在的城規草案亦如當年的公安條例草案一樣。政府在高舉「保護環境、改善鄉郊」的旗幟下，進行另外一場赤裸裸地搶奪土地業權人的土地合法使用權。同時利用所謂「中期審批區」的機制，去凍結超過14000公頃的新界土地，而在今天的城規（修訂）條例草案沒有片言隻字提到對受影響的人士作出合理的賠償。今天立法局若通過城規草案，實

在是自己撕破虛偽的面具，實質而言：是將原來是合法的土地使用權，通過立法程序變為非法。原本是合法的土地使用者，不單只蒙受經濟上的損失，並且，要受到法律的制裁。我們要撫心自問，究竟，什麼叫「自然公義」？什麼叫做「產權」？資本主義社會最重要的一個原則就是要「保護和保障私有產權」，但如果這條城規（修訂）草案得以通過，則我們處身的香港雖然表面是個所謂民主，法治的社會，原來是一個以眾暴寡、以強凌弱，簡單地來講：以人多欺負人少的強權社會。

　　政府在推銷這條草案時，充份利用了自古以來城鄉的矛盾，向市民推銷一個似是而非的假象。認為反對1990年城規（修訂）草案的人，主要是以鄉議局為首的一小撮新界鄉紳和大地主，例如本局的劉皇發、張人龍議員等人，認為新界廣大的鄉民，在政府發展新界新市鎮的過程中，每個新界人（即城市人俗稱所謂「鄉下佬」）都因而「腰纏萬貫，住洋樓，坐靚車」。因此，他們應感恩圖報，不應該在城規（修訂）條例上諸多反對，要以香港六百萬市民的整體利益為依歸，犧牲「小我」完成「大我」。

　　但在座各位有沒有真正了解新界社會的發展過程和經濟狀況呢？當然，在新界發展過程中，有一小部份新界鄉民幸運地成為富翁，但他們既非偷亦非搶而得來的，相信市民亦非常清楚。大部份人都是小農為主，堅守祖先或父兄輩所遺留下來的幾塊瘦田，賴耕種以維持一家大小的生計。隨新界都市化的發展，在50、60年代為解決當時全港市民日常食水的需要而將原來農耕用水大部份分流入集水區、引到水塘去。凡此種種都令到農田因而被迫棄耕，變為荒廢，從而使當年很多新界農民被迫離鄉別井、妻離子散，遠赴歐洲等地的中國餐館，每天工作十多小時以為生計，演出了一幕近代的「賣豬仔」錄。其後，鄉民為了生計，在其合法擁有的土地上進行飼養禽畜，（例如幾只雞，幾頭豬）。但政府又

為了保護環境理由，訂定了有關禽畜廢料法案，制定廢料管制區，將新界鄉民可以賴以為生的方式進一步趕絕。從上述歷史看來，難道作為城市人的在座諸君，可以真的指責新界人不顧香港的整體利益嗎？農村人真的是自私自利嗎？從過往的新界發展過程中，我們所見到的是政府以巧取豪奪的方式，取得了大量的利益，相對地，對改善新界居民，尤其是偏遠的鄉郊地的生活，可曾作出積極的改善？當然，有人會為此而作出辯護，謂政府不是已成立了鄉郊發展委員會嗎？但如果大家有機會去看看它的工作報告，便會知道究竟是什麼一回事，因此，我亦不打算在此討論。

隨著70年代世界航運業進入集裝箱時代，香港作為世界重要航運中心之一，對擺放貨櫃箱用地的要求，日益增加。由於政府在提供擺放貨櫃用地嚴重缺乏的情況下，使航運界人士對新界一些荒廢而又有交通抵達的農地產生興趣，通過租賃方式，將該等土地作為露天貨倉用途，以存放貨櫃等。鄉民亦因此可以有幸地利用他們的土地合法使用權，在一些「欲耕不得」、「欲耕不能」的土地上，收取「一萬、八千元」的租金，用以維持一家生計，並分享到香港作為世界航運中心的一點點甜頭。但好景不常，政府現在又祭起以香港市民整體利益為大前提的環保大旗，將合法的土地使用權變為非法。這次的性質較以往截斷耕種用水引往水塘更為嚴重。

當年政府以行政手段，並非以法律形式進行，所以受影響的人雖然生計受到影響，但他們的合法土地使用權並沒有被剝奪，而政府的有關行政措施亦只影響到一部份新界鄉民，而全港九新界的業權人士沒有受到株連。但今天所辯論的城規（修訂）草案的影響面既深且廣。給人們看到是一條既不公平、又不合邏輯的法律。因為政府在解釋為何要通過這修訂草案時不考慮對受影響的業權人士作任何方式的賠償，主要藉口是，賠償問題非常複雜，說也不明白；而且涉及的金額是十分巨大，故要求先行通過修訂案，然後才考慮

賠償問題。這是一種「先斬後奏」及「先判刑後定罪」的做法，是一種令人難信服的本末倒置立法原則。

現在，讓我來分析一下究竟政府聲稱要急切通過1990年城規（修訂）條例草案的主要論據是否站得住腳。據政府的城規諮詢文件指出，理由有兩點：

（一）新界農地作露天存貨用途的情況日益嚴重。由於這類土地發展雜亂無章，不單令環境惡化，使河道淤塞，亦令區內交通阻塞及損壞鄉村道路。

（二）政府認為條例急須修訂，以便將法定規劃管轄範圍擴展至整個香港，並在選定地區實行發展管制，以此作為改善鄉郊環境和控制露天存貨問題的重要步驟。

現在，我對上述兩點有如下的看法。第一，政府所指環境惡化，河道淤塞，究竟如何惡化？新界有河道淤塞和引致泛濫的有多少宗？而有多少宗是由於露天存貨的問題而引致？政府和規劃署並沒有將這資料數據公佈，讓市民知道，在議員力追之下，政府有關決策科所提供的資料如下：

> 在1987至1990年11月為止，政府各部門在新界區總共接獲1666宗有關水浸的投訴，而有關投訴極有可能是一案幾投的情況。

因此，如果將投訴者可能就一宗水浸分別向多個部門投訴，例如：政務處，地政署，警務處，環境保護署和區域市政署等，則三年內的投訴個案大約是333宗。如果真是這樣，則環境惡化又從何說起？此外，假如大家稍為留心的話，都知道大多數的水浸問題，是由於政府在新界進行大量的道路工程和興建新市鎮而致河道淤塞的。

當然，大家到新界旅行時固再難得一見新界昔日的田園景色，例如南生圍或牛耕田等農村景象！所見到的是貨櫃或拆車場等，實在令人更懷念昔日的農村美景。但大家千萬不要忘記，這些貨櫃和拆車場，正如昔日我們所見的稻田菜花景物，

從經濟民生來看，實際上並無不同，它們都代表了一些人賴以為活的生計。雖然，視覺上，貨櫃沒有田園阡陌的好看，但請各位記著，它並不犯法。正如我們不會因為市區內滿目不規則的石屎森林而不高興，要求全面剷平，來一個重新規劃。這是新界社會邁向都市化的必然結果，而且在自由、民主的社會裡，我們不能因為要懷緬昔日的農家風光，而強迫別人要繼續過「牛耕田，馬拉車」的日子來讓我們看。

有很多關心環境和愛護大自然的朋友，在聽到政府說要下定決心，改善鄉郊環境而歡呼雀躍，以為通過這條修訂草案，對一些關心和愛護環保的人認為「眼冤」的露天貨倉問題得到解決，其實是一個假象。因為這城規（修訂）條例草案對目前被用作露天倉的土地已豁免在草案管制範圍外。而該等土地，據政府資料，大約為385公頃，佔新界可供作為露天貯放用途土地約85%。換句話說，有可能被用作露天倉的受影響土地，只佔約64公頃左右！因此，在實質效應上，政府所標榜的改善鄉郊環境究竟有什麼用處？

從上述的分析，人們可能得出一令人擔憂的看法。這些看法包括：

第一，政府急於要通過1990年城規（修訂）草案，並不能有效地解決政府提出改善鄉郊環境的目的。

第二，鑑於新界土地所剩餘可供作露天貯放用途的土地根本無多，只有60多公頃，而適合發展為該等用途的土地根本很容易地被確認。換句話說，受監視的土地目標，應該是很明確和容易地規劃出來。政府為何要將新界超過一萬公頃的土地劃入中期審批區，從而將大量私人土地業權人的土地非法地凍結，舉例來說，莫非沙田觀音山也有被作為擺放貨櫃的可能嗎？

第三，政府諮詢文件曾經透露了一條「狐狸尾巴」，它說政府認為急需修訂條例，以便將法定規劃管轄範圍擴展至整個香港。中國諺語有謂：「項莊舞劍，志在沛公」。因

此，這條修訂草案如獲通過，不單只是「明刀明槍」地剝奪新界土地業權人的土地合法使用權，而且極使人懷疑和有理由相信它將會進一步將政府侵奪民產而不需作出賠償的法理依據擴展至港九市區。

　　主席先生，作為南九龍選區的代表，我不能不就這城規（修訂）草案而提高我的警覺。因為在我的選區內，即旺角，油麻地和尖沙嘴，土地發展公司同時亦是在標榜改善社區環境的口號下，正在進行收地的工作。而代表土地發展公司進行收購的公司，對被視為收購對象的居民所建議的收購價不單只不能和市值看齊，而且更大大低於市值。此點經已引起區內居民的強烈不滿，而我亦接到不少有關這方面的市民投訴。1990年城市規劃（修訂）條例草案在還未確立賠償原則的前提下，假如真的有如當年公安（修訂）條例一樣得到被通過的命運，則港九市區的土地業權人絕對有感到擔心的理由，尤其是居住在土地發展公司市區重建計劃範圍內和大都會計劃內的各中、小業主，更可能被選為下一個襲擊對象。雖然，有些政府官員曾指出中期審批區的機制，不會引進市區，但所謂「官字兩個口」及「口講無憑」，而政府到時又來一次依法有據，則又如何！所謂「虐政何妨援律例，殺人如草不聞聲。」

　　主席先生，最後本人想再談談賠償問題，政府和有關團體多次公開宣稱，賠償問題將會涉及動用本港納稅人的金錢，應該小心從事。此點無可厚非，但有人更進一步宣稱，因為本條例草案的主要目的是消除那些露天貨櫃箱對鄰近居民構成的危險和改善鄉郊的環境，因此，基於整體市民利益，是不可以對受影響的一部份人士作出賠償安排。這就是所謂少數服從多數的遊戲規則。但究竟政府過往行事準則是否真的做到大公無私，以及保障市民的納稅錢呢？大家如果不是健忘的話，我想指出一個事實，就是：立法局的財委會於1989年7月19日就青衣島美孚油庫的搬遷而動用了香港納

稅人19億5,000萬元，作為對美孚油庫的搬遷賠償，而當時政府的理由是為了消除對油庫鄰近居民構成危險。換句話，亦即是要改善環境。那麼，為什麼同樣是改善環境，政府是採取雙重標準。對一間公司，我們可以毫不手軟地賠出19億5,000萬元。難道青衣島美孚油庫的搬遷賠償並不是基於保障和維護大多人的利益而進行？其實政府如果認為城規（修訂）草案的理論是正確的話，又在立法局三讀通過，就可撕毀美孚油庫用地的合法性，將它的土地使用權變為非法，便不用賠償了，那麼豈不是可慳回19億5,000萬元的公帑嗎？如果各位認為這個提法是否定的話，那麼，今次的1990年城市規劃（修訂）條例草案其實是政府企圖用一條鹹水草去縛一頭大象，我年輕時認為這做法的可能性不大，但今天，我認為政府是可以做到。政府可以通過立法程序而又在議員數手指的支持下做到這點。這真是現代民主社會的一個大諷刺！

主席先生，我們知道，藍天白雲，綠水青山，皆各人所喜，正如每人希望生活富裕奢華，但若這是由掠奪他人，損人自肥的方式進行，實難容於社會公義。

我不懂吟詩作對，但我知城規修訂草案的通過是揮不去的。由於我亦看過一位中國現代文學家魯迅先生在一本名為「偽自由」書中的一首打油詩，認為甚有意義，故在此班門弄斧，借其詩以總結今日的辯論，詩云：

> 文化班頭博士銜，人權拋卻說王權，朝廷自古多屠戮，此理今憑實驗傳。人權王道兩翻新，為感君恩奏聖明，虐政何妨援律例，殺人如草不聞聲。先生熟讀聖賢書，君子由來道不孤，千古同心有孟子，也教肉食遠庖廚。能言鸚鵡毒於蛇，滴水微功漫自誇，好向侯門賣廉恥，五千一擲未為奢。

主席先生，基於我認為這城規條例草案的欺騙性及不公平原則，我是反對的，多謝各位。

立法局發言：動議辯論
——死刑的執行

1991年

薛浩然議員提出下列動議：

「鑑於香港目前的治安情況日益令人擔心，本局促請政府立刻恢復執行死刑。」

薛浩然議員致辭：

主席先生，我現謹依照立法局會議常規第 22 條第 2 段的規定提出動議。動議內容如下：

「鑑於香港目前的治安情況日益令人擔心，本局促請政府立刻恢復執行死刑。」

主席先生，自從人類社會從茹毛飲血，進入聚族而居，其後進展為一群體社會，建家立國，進入所謂文明社會的階段。從社會發展過程中，人類各社會和國家根據其各自不同的發展過程，包括文化背景、道德水平、宗教概念，以及各個時期的具體社會治安情況而制訂出一系列的法律條文，規章制度，主要目的是希望在健全的法治社會下，保障廣大市民的生命與財產的安全。任何人士，無論是身處高位，權傾

朝野，或者是販夫走卒，如果作出任何有觝觸法律的行為，一旦被捕，都會被解上法庭，經過公開的司法聆訊，和一系列公正的司法程序後，假若被判有罪，都會根據律例，按其罪行，處以應得的懲罰。此點，亦是社會公義之所在。

主席先生，今日動議辯論的主題是由於香港目前的治安每況愈下，因此廣大市民都希望政府得能從速恢復執行死刑，以對付社會上一小撮窮凶極惡，視他人生命如草芥的殺人者，而不是某些假人道主義者所謂利用協助或濫用死刑去殘殺異己者的口實。眾所週知，尤其是法律工作者，亦即是某些從事協助別人以進行法律訴訟為生的人，都應該很清楚，判處一小撮蓄意奪取他人生命的殺人者死刑是所謂「律有明文」，而市民並不是要求政府利用死刑去打擊一般的罪犯，例如偷車、打劫、違例駕駛等。

主席先生，保安科今年4月曾發表一份資料文件，顯示絕大部分市民都同意恢復執行死刑，但由於香港和英國在憲法上的連繫而沒有執行。有些人認為對罪犯或殺人犯應進行再教育。在這裏，我想引用1991年4月18日英國泰晤士報的一篇文章。該文章指出，在 1045 名犯謀殺罪的假釋犯中，再犯罪的大約有 223 人，其中有 11 名再殺人，有 27 人觸犯嚴重罪行。我覺得大家應該注意的是，死刑是對付一些窮凶極惡和蓄意殺人的罪犯，但根據1966年以來的資料，顯示已有 243 名殺人犯獲得總督會同行政局的赦免，而其中約有 28% 所得到的懲罰是 20 年或稍長的監禁。對那些被人剝奪生命的人來說，這是否公平呢？因此，我覺得，我們現時這個社會，不是濫用死刑，而是總督會同行政局濫用了特赦權。我想問各位，在這 243 名本應被判死刑的人中，究竟有多少宗會被認為是判錯的例子呢？我希望政府或在座的人可以給我一個答案，而市民亦希望知道。中國人有謂「姑息養奸」。我們亦知道古語有云：「遇文王施禮樂；遇紂桀動干戈」。一些「婦人之仁」的人，姑息殺人犯，要給他們再教育的機

會，使獲新生，但有否考慮到被殺者的家庭已破碎，又如何去補償呢？

　　有些人恐怕會有錯判死刑的情況出現，但在這243宗個案內，有多少宗是錯判呢？提出這問題的人，首先，我覺得他對本港的司法制度沒有信心，認為判處死刑可能出錯。但是，如果對這司法制度沒有信心，則不單是死刑，就算是判處隨地吐痰的懲罰或判處某人監禁兩月都不應該的，因為原則上已是錯了。那麼，是否要將他們全部釋放呢？第二點是，有關將窮凶極惡的人處以死刑，是否會有「冤冤相報」的問題？這是邏輯上的錯誤。「冤冤相報」只屬個人恩怨，對付窮凶極惡的殺人犯，必須經過司法程序進行社會公訴，而不是受害者的家人對他進行攻擊，所以並不存在「冤冤相報」的問題。

　　最後，我這裏有一些名字，是我最近發起簽名運動所搜集的。我不敢將這些民意濫為己用，我稍後會將這些簽名交給政府。

　　另外，有人問我，為何今日會戴上釋因特赦協會的花？我既然要求政府恢復死刑，為何還要戴這朵花？這是否很矛盾呢？我覺得不是，我亦是一個熱愛生命的人，重視人的生存權利。但在這社會裏，有些人就利用人們的善心去殺人，並藉之以免除自己的死刑。他的生命寶貴，難道其他人的生命不寶貴嗎？有些人會說，引用人權公約是不應有死刑的，但大家不要忘記，根據人權公約第3部分第6條第2項：「判處死刑只能是作為對最嚴重罪行的懲罰，判處應按照犯罪時有效並且不違反本公約規定和防止及懲治滅絕種族罪公約的法律。這種刑罰，非經合格法庭最後判決，不能執行」。現時香港的司法制度，現時的法庭，除非你不承認是一個合格的法庭、除非你認為蓄意殺人不是嚴重罪行，那就不需辯論這問題。但大家都知道，正如1991年4月份保安科所發出的文件顯示，其實政府是知道香港市民的意願的，毋庸贅述。但作為一個負責任的政府，應該是照顧市民的意願，而不應

為了依從英國的觀點，因這政府的最高目標是為香港市民服務，而不是為英國政府效勞。

主席先生，社會是不斷向前發展，而法律亦應不時修訂，以符合社會發展的需要，符合廣大市民的意願。因此，我今日提出的動議，是要求政府立刻恢復執行死刑。我有理由相信這是符合香港大部份人的意願。同時，對一些蓄意謀財害命、殺人越貨、不顧市民生命安全而手持機槍隨處開火的人來說，這是一個警鐘。但無論如何，我希望在座各位議員支持這個動議，支持這個動議的意義不是支持薛浩然的動議，而是支持香港絕大部分市民的看法。我們不能再存「婦人之仁」，跟窮凶極惡的罪犯講仁義道德，這是浪費時間的。

主席先生，本人謹此陳辭，提出動議。

*　　　*　　　*

薛浩然議員致辭：

多謝主席。先前麥理覺議員說我所提的動議沒有意義。但我認為有這麼多人發表意見，這麼多的議員踴躍發言；如果沒有意義，我相信各位亦不會做些沒有意義的事情的。問題本身證明執行死刑與否是具有社會意義。

根據會議常規，我會將我的發言，集中在李柱銘議員的修訂動議上。作為一個號稱民主派的頭頭，港同盟主席的李柱銘議員，又擁有一個「御用大律師」的銜頭，他的發言，當然令人感覺有震憾性；亦令人感覺非常動聽。但他先前所說故事，據說是親身的經歷。那位匿名「張三」的人，他殺了人。但有位很能言善辯的律師給予協助，或可說是利用法律的空隙，或者是由於特赦關係，這個人不用死，反而在十四年之後，張三出獄後，對社會很有貢獻。李議員因此感到很開心。但李議員有否注意到被張三殺死的李四和其家人是

否有受到照顧呢？李議員曾否去訪問過或加以援助？這位李四的家屬，可能付不起昂貴的律師費，又或法律援助署未有給予其應得的協助。所以我們必須從多方面觀察一件事情。如果說一名殺人犯是會在十三四年後變為好人，所以今天有可寬恕的理由。那麼，主席先生，我們的社會將會變成怎樣的社會？如果我不喜歡某人，我不跟他多說，現在就先殺了他，但我會得到特赦，也會在十數年後，我會重新投入社會。這樣就真正變成一個「以暴易暴」的社會。我們今天所辯論的是恢復執行死刑，而不是要求「以暴易暴」、「血債血償」，或「以怨報怨」。執行死刑是必須通過健全、可信賴的法律途徑去進行的。

剛才李柱銘議員說過，判處死刑是一宗很簡單事情。我雖不是一位法律專業工作者，但亦知道將一名殺人疑犯繩之於法，是需要經過一個仔細和慎密的過程，而不是一旦捕獲疑犯，不經公審形式，就一槍加以了斷。如果該犯人沒有能力，可以申請法律援助。如果香港沒有一位能幹的律師，可代他到英國聘用一位御用大律師來替他辯護。政府可用納稅人的金錢去協助他。所以死刑是否不經過深思熟慮才作出決定呢？如果我們褊袒那些窮凶極惡的殺人犯，我們的社會將會變成一個怎樣的社會？

香港有一個稱為「地球之友」的環保組織，倘若李柱銘議員這麼仁義，我相信香港短期之內，可能會多一個名為「殺人犯之友」的組織。對人雖然要有愛心，但亦須因對象而異。有些人雖要求「殺人者死」，但目的不一定要殺人者填命，有些是不用死的。譬如自衛殺人、誤殺都不用死。一名戰士在戰場上越殺多人越是光榮，所得的勳章越多。所以不能單純說「殺人者死」是不對的。不過，我們今日所辯論的，是當一名窮凶極惡的人，在經過慎密的司法程序後被判定有罪，就可處之死刑。況且在執行死刑前，仍有特赦的保障。今天問題的癥結是，市民認為我們濫用了特赦權，這點

是值得擔憂的。李柱銘議員稱他曾與法官們傾談過。有些法官私下也不同意或認為難以執行死刑。如屬實的話，我會感到驚惶，因為法官是代表一個社會執行公義，應按照法律而不是依據自身的喜惡對一名犯法者進行裁決。任何一位執法的人，倘有這樣的看法，我認為已不適宜坐於法庭上代表市民執行法律。

　　主席先生，李柱銘先生也談過有關陪審員的問題。他說如果執行死刑，陪審員在執行工作時，可能會擔心因而改以輕判，將一名本來應判為死刑的人，改為誤殺。我覺得這是對整個陪審員制度和參與陪審工作的陪審員，在道德與人格方面的侮辱。從事陪審工作的人，與犯人是沒有任何關係的。他們是根據事實和證據去投以良心的一票。我相信李議員較各位更為清楚，死刑是由法庭判決的。陪審團是從"de-facto"即事實來進行法律裁決，再由一名法官宣判。這兩項工作是相輔相承的。如果陪審員的　意見不一致，法官亦不能判罪犯死刑。所以，李柱銘先生的論調，會令市民懷疑整個 陪審員的制度、懷疑整個司法的公正性和可信性。如果這樣，為何李柱銘議員還要從事他的法律專業工作？既然這個制度有不可靠、不可信的成份，豈不是真正從事法律工作的目的，是因為容易賺錢？我相信李議員不是這樣的人。他是有信義、有信仰、有目標、有原則的。

　　李議員在總結時，也說過一個故事。如果我沒有理解錯誤的話，它是一個聖經故事。我想補充一下，我們知道聖經上有十誡，其中一誡是「你不可殺人」。聖經上亦說得清楚，罪的公價是死，即是犯了罪，結果得到死。李柱銘議員所引的例子，是耶穌被釘十字架的事。當時另有兩個殺人犯一同被釘。其中一個死不悔改，但另一個則說：「在我死之前，我信上帝，我信耶穌，我後悔！」耶穌說：「你可上天堂！」但耶穌卻沒有叫他從十字架上下來，不用死，仍要為他在世上所犯的殺人罪被釘十字架。所以今日所討論的是要

求將一些窮凶極惡殺人犯判處死刑，而不是犯其他罪行的，這點至為重要。所以，請支持李柱銘修訂動議的議員三思。立法局議員是有責任的，當然，我們可以不聽取民眾的意願，可以自把自為，因為殺人都不用死，難道不聽取民意又用死麼？但身為議員是有責任去表達民意。至於政府是否執行，那就不是我們的責任了，留待政府去考慮。我們不是身兼兩職，只是身為市民代表一職而已。

主席先生，我謹此陳辭，反對李柱銘議員的修訂動議。

*　　*　　*

薛浩然議員致辭：

多謝各位議員今晚花了這麼多時間為這個「是否恢復執行死刑」問題，進行討論。但我可以對大家說，你們今晚所花的時間，全港市民都不會認為是無意義或浪費時間的。

我們知道人的認識是一個過程，今日這議題被否決，並不等於這事情暫告一段落。我相信，民意是朝著恢復執行死刑這方向，一步一步前進。這並不是以在座議員的主觀意見為轉移、這是大勢所趨，民心背向的問題。今日的議題雖被舉手輸了，但我相信在廣大市民心中，我不敢說有 100%支持，但我相信是有支持者的。

在辯論進行中，亦曾有人說，薛浩然提出這動議會否譁眾取寵呢？或會有議員認為，是否為了選舉進行熱身運動呢？如果套用司徒華議員剛才引用毛澤東的說話，共產黨很常用說話，列寧在他寫過的一本書中亦說過，在共產主義發展裏，有一種左傾幼稚病。我相信在這局內，亦有人犯了政治幼稚病。如果薛浩然能講一些說話令人相信，例如薛浩然提一個動議：認為香港市民多吃一碗飯，過多些好日子，賺多些錢，那麼大家是否便舉手認為要市民捱餓，不要吃這麼多飯，花光所有錢呢？一個議題是否正確，市民是會決定和

考慮的。當然，我作為一個立法局成員，無可奈何地，亦只能尊重立法局會議常規的遊戲規則，但在這裏我提出一些個人對剛才大家看法的回應，亦是一些我的選民和支持我的群眾的看法。

首先，我想點名提的是首席議員李鵬飛先生，他剛才說過，（如果我說錯的話，李鵬飛先生可以更正）根據所謂Point of Order，「如果取消死刑，我們可用終身監禁，這些囚犯的餘生將會在監獄中渡過。」我覺得這句話很片面，這句話並不真實。我亦不需要解釋為何這些殺人犯不會在監獄渡過餘生，因為剛才李柱銘先生已說了一個很好的例子。他曾經代表的張三只在監獄中渡過了十三四年的光景，這位張三不需等十八年已是一條好漢。但被剝奪生命的人，大家也不知道他們有沒有投胎的可能。像我或在座中有宗教信仰的人可能會相信有輪迴或上天堂。但很不幸，大家都沒見過上天堂的人告訴我們他們上了天堂，但我們相信。

在保安科1991年4月的文件說得很清楚，自從1966年11月到現今，有　243　人犯了謀殺罪，有些是十分嚴重的謀殺罪，但這些人全部獲赦免，約有28%的殺人犯在監獄服刑約二十年或稍長一些年期。張三可能比較幸運，十三年便被釋放。究竟這是否合理呢？有些人犯的罪行不及殺人嚴重，但在獄中要渡過比十三年更長的日子，究竟社會的價值觀為何呢？

主席先生、各位議員，我們當中有多少個人是有機會被謀殺呢？正如剛才方黃吉雯議員說：「大家流於空談呢？是否針不刺肉不知痛呢？」我們只是空談人道，其實我們有否考慮到今時今日的香港社會，我們表揚的是什麼權利呢？我們表揚的是人權抑或賊權，還是警權呢？現今的香港社會——我有一個看法可能錯，我也很希望錯——就是賊權大過人權、大過警權。當捉到一個殺人犯時，千萬不能傷害他，因他有人權保障。他沒有錢嗎？可用納稅人的金錢請御

用大律師，請最好的律師替他打官司。一個賊可以肆無忌憚，但一個無辜的市民在街上購物、買卻可能遇害，又或一個站在 維持治安最前線的警察，為了執行任務，槍林雨彈。警察開槍還要千萬小心，因為發射每一發子彈，他都需要解釋。警員每發射一發子彈均要寫報告，他千萬不能寫錯，否則後果嚴重。如果不慎命中賊匪，還要求神拜佛望他不要死，否則除遭革職外，還有可能需要坐牢。我們經常說要提高警察效率，但警察得到的是什麼呢？警務人員所面對的困難是什麼呢？

　　大家在此崇尚人權，空談人道，這只是在幫賊人。市民所要求的，並不是超速駕駛便要打靶，並不是自衛殺人要打靶，而是那些經法庭判決後，證明是窮凶極惡的人就要打靶。現代科技發展文明，法庭除了需要人證、物證，還有科學鑑證。當然法庭是否可能出錯呢？無人敢保證。但中國人有句說話，「不以一眚掩大德」，看問題是要看整體社會，從社會意義、社會公義去看死刑這問題，而不是從一、兩個案例去看死刑的問題。如果是這樣，我想問大家，在現今社會，整個世界有很多種社會制度，在中國實行社會主義制度，在蘇聯也是，在美國實行民主和資本主義制度，卡斯特羅說他的共產主義制度最好，究竟那種制度最好呢？大家都無從稽考，但我們要看大多數人的意願、大多數人的看法。作為一個立法者，當然希望能照顧到社會每一個階層、六百萬人中每一個人的意見。但在社會現實裏，主席先生，我相信這是沒有可能的。雖然沒有可能，但我們要做的就是要看大多數人的意願，我們有否代表大多數人講話。

　　按照這裏的遊規則，我的動議輸了。我能否說為何你們不尊重我的意見，為何要否決我的動議？我是不能這樣說的，因為遊戲規則就是這樣，有些人贏，有些人輸。輸了不等於失了意義，社會就是這樣。現在有些人奢談民主，為窮凶極惡的人講話，這是非常危險的。

　　剛才張鑑泉議員說過，他說：「恢復執行死刑的問題可能引起憲法上的問題，因為英國若不答允，我們很難實行。」我完全同意他的看法。但大家細心想想，如果凡事畏首畏尾，害怕英國不高興，又怕涉及憲法問題。這樣的話，我相信今日大英帝國的版圖不會只餘英倫三島和一小撮地方。因為正是憲法的問題，殖民地的獨立令英國版圖縮小，而這亦證明我們的宗主國——大英帝國是一個順應民意、順應社會發展潮流的一個國家，我們為何不將我們的看法告訴她呢？為何不將我們市民的意願向她表達，而一定要閉門造車呢？或者英國要聽我們的看法呢？這是我們的責任。我覺得作為立法局議員的主要責任是，政府合理的政策當然要絕對支持，（主席先生，這點我可向你保證），但不合理的政策，則絕對要反對。同時，作為一個議員，我們要將民意表達出來。表達民意是我們最基本的義務，我們有否做到呢？

　　剛才有人說如果執行死刑是否等於血債血償，以怨報怨呢？我認為不是的。可惜周美德議員已離開了這個會場。有些人將對窮凶極惡的罪犯執行死刑的層次愈抽愈高。至於會否利用執行死刑排除異己，這問題已是愈說愈遠。作為一個議員，作為一個負責任的社會領袖人物，目前主要的任務是要考慮香港在進入後過渡期內的治安問題，而不是在現階段去處理抗衡或對抗中國的問題，這是一個危險的傾向。香港和中國的關係應該在一國兩制的前提下，在希望達到共榮共存的關係中，邁向九七和九七以後的五十年、而不是利用死刑問題，在現階段攪對抗。當然，香港是一個自由社會，你喜歡怎樣做也可以，但我奉勸各位能有機會拿到護照，或有機會移居外地的香港市民，我相信大約有四百多萬香港市民是不能離開的，他們要留在這裏繼續生存，繼續傳宗接代，繼續工作。作為一個負責任的人，我們要提供一個安定，穩定的工作環境，讓這些不能離開的人可以繼續養兒育女，休養生息，而有條件離開香港的人，我們不需為他們考慮和擔

心，這便是我們的責任。

　　恢復執行死刑這話題，當然只是希望香港社會能達到繁榮安定的因素之一，還有其他很多方法，包括機場興建等問題。但在今日，雖然這辯題，這動議失敗，正如司徒華先生剛才引用毛澤東的說話，我亦在此引用毛澤東的說話，他亦曾說過：「我們的前途是光明的，但我們的道路是曲折的，我們對我們的前途有信心，我們的目的是可以達到的。」我們這個目的一定能達到，香港市民的目的是希望繁榮安定，平穩過渡到1997年，而市民亦希望和立法局的整體成員一齊同舟共濟、共渡維艱，在一個好的政府領導下，平安穩定過渡到1997年。最後我謹祝大家晚安、多謝各位。

世說新語現代版

第一及第二則：手機篇

2019年4月

一則

讀書識字的意義：有一日，一間幼稚園一年班開學。課堂上，老師跟學生們說道：「今天是你們人生非常重要的一步，小朋友們，你們知道為什麼我們要讀書識字嗎？知道的請舉手」。眾小朋友紛紛踴躍舉手，老師見狀便面露欣慰之色問：「是什麼呀？」小朋友們望著老師，異口同聲興奮地說：「打機！識字是為了打機！」老師隨即暈倒。

二則

在上世紀火紅紅的革命年代，人們高喊：天大地大，不如黨的恩情大；爹親娘親，不如毛主席親！可今個兒真的換了人間。在21世紀的今天，調子變了，曲詞也改了。今個兒是：天大地大，不如手機大；爹親娘親，不如手機親！用餐前都不再祈禱了，而是先孝敬手機。現今，人們可以沒有朋友，沒有親人，就是不能沒有了手機，甚至連男歡女愛都可在手機中找尋到慰藉了，手機萬歲！

第三則：《逃犯條例》上訴篇

——壽終正寢vs.死於非命

2019年7月

　　時維己亥年凌晨二更天，場景乃陰曹地府閻王殿，殿內陰風陣陣，鬼火森森。閻王爺高坐殿中，陸判官高喊：「宣申訴人，姓逃犯條例，名修訂草案者，上殿！」此時，申訴人被牛頭馬面押著上前，跪於階上。閻王爺曰：「汝有何冤情？」申訴人答：「小名逃犯條例修訂草案，經人間大統領林鄭氏金口決斷，小的死因為『壽終正寢』。是故，按律小人望得以輪迴轉世。奈何，陸判官諸人強烈反對，使小人不得超生，情何以堪！請閻王大人明鑒！」

　　閻王爺聽罷申訴後，申斥陸判官曰：「汝等之判決有何所根據，快快道來，不得徇私枉法！」陸判官聞言，嚇出了一身大汗，誠惶誠恐，跪奏閻王爺曰：「老爺子，竊查逃犯條例修訂草案從未出世，尚未成人型，申訴人亦不能出示出生證明書。因此有證據證明申訴人從來未曾出生，又何來壽終正寢？按陰曹地府之律例，它只能算是『死於非命』。其歸宿只可作一個孤魂野鬼論來處置，所以不能再世投胎。」

　　閻王爺聽罷，搖首歎息，對申訴人曰：「汝如若想重生，唯一的可行方法是，汝只能重回陽間，向人間大統領申

訴，將『壽終正寢』一詞，用『撤回』處理。因汝從未出生，又何來壽終正寢！按陰曹地府律法，我亦無能為也矣。」於是，閻王爺宣判曰：「把該申訴人在雞鳴前放回陽間，不得有誤！退庭！」

自該日起，在有東方之珠之稱的某地便有一個名為逃犯條例修訂案的陰靈，四處飄蕩，無遠弗屆。無論在街道上、官府衙門等建築物前，都見其身影，使到十八區人心惶惶，社會治安不靖。蒼生一臉茫然，而大統領林鄭氏及其一眾高官，可能修得神功護體大法，仍然深居大統領府邸內，自彈自唱她的「未來安邦大計」。唉！真有當年毛主席老人家在打江山年代的「敵軍圍困萬千重，我自巋然不動」的陣勢。奈何！

嗚呼！阿彌陀佛！

第四則：創作靈感篇

2019年8月

　　香江花月夜不再，繼之而起，是日夜都見到的警民激烈衝突，全城硝煙處處，有如電視肥皂劇般，一躍而登為香江十大收視率之首。有位號稱才女者，效桓景登高避禍，歐遊去了。據知她現身處在意大利翡冷翠，在發思古之幽情，並尋找創作靈感云云。才女告余曰，其所崇拜的三位人物，但丁、米高安哲羅及達芬奇，都不知去向，是故未能與他們神交，所以創作靈感陷於一片空白。

　　昨夕，吾於夢中，神識恍惚，依稀見到這三位巨擘立床前，告余曰：「吾等剛到貴境，歡迎否？」答曰：「今香江動亂，三位定要注意人身安全！幸好汝等均屬白皮膚一族，想相對安全。」余繼問之：「訪港何事？」應曰：「聞得香江今面對百年之大亂局，吾等欲趁此契機尋找創作靈感矣！」語畢，散去。

　　當雞鳴破曉之際，余在孤枕獨眠的朦朧中，三老又忽然出現在眼前，而各有不同的境況：但見但丁被困在地獄中獨作困獸鬥，還未能逃出生天；米高安哲羅今兒碰到的都是頑石，正苦思如何去尋找到一塊可供雕琢成一個傳世的不朽作品的石頭而嘆息；達文西正在以蒙羅麗莎為藍本，以大統領林鄭氏為模特，試圖創作一個不一樣的神秘微笑，畫的題目

經初步構想，暫定為：哭笑不得。

　　忽地，三老一臉嚴肅地告余曰：「東方哲者有云『君子不立危墻之下』，觀現今香江境況，實不宜久留。趁機場還未第二次『光復』前，我們還是及早打道回府為上著。」於是，三老匆匆收拾行囊，將其創作靈感速速打包後，急撤。

　　覺而起，夢境依稀，若浮若現。莫非這是「時代革命」下之跨時代的靈感創作乎，吾不知所以也！

第五則：母愛篇

2019年8月

　　相信曾經上過學的人，都曾唸過由冰心女士撰寫的寄小讀者的一系列散文或新詩，其中一篇名為《母愛》描寫母親對子女那種無私和奉獻式的呵護和關愛，躍然紙上，深入人心。無可諱言，母愛是偉大的。惟細心一想，母愛是人的一種天性，不受道德、教育和文化差異而有所差別，簡言之母愛是純動物性，西方所指的 Animal Instinct是也。任何動物對其下代都是這樣子，上起獅子老虎等猛獸或猛禽，下迄坑渠老鼠都如此，因此並沒有值得歌頌。惟人與動物的主要分別在於人懂得反哺，孝順父母，照顧老年的父母，核心則是心存感恩之心。此乃人獸基本之別，子女懂得孝順父母才是值得我們讚揚和尊敬。

　　今天的社會，父母與子女情分越見疏離。父母年紀大了，都仿效西方把父母送進老人院去。

　　是故，從前所謂：樹欲靜時風不息，子欲養時親不在。今天此情此景幾稀矣！

　　相比母愛與孝順之間，我選擇孝順，因為它才是人類社會相續承傳與文明、文化的最高和最人性化的體現。焉否！

第六則：大台説

2019年8月

　　從昔日一個小小漁村演變成一個舉世知名的大都會的維多利亞城，中間經歷了幾許風雨依然屹立不倒。在故土回歸後的短短二十二年間，卻為一條《逃犯條例》修訂案，弄至雞毛鴨血，雞犬不寧。官府與民眾對立，衙差因履行公職而成為磨心，終日疲於奔命，百業漸呈蕭條之勢，旅客卻步。身為城主的朝廷命官林大統領坐困愁城，雖有朝廷力撐，但囿於一國兩制，只能按律辦事。於是其左丞右相獻策云：因是次風波，乃三五成群，各自為戰的小眾，實難以展開對話，主要是沒有「大台」，所以不瞭解他們的訴求云云，希望通過對話，解決紛爭和困局。

　　據了解，所謂「大台」者，領軍人物是也。的確，今個兒的反官府運動並沒有像以往出現一些頭兒，於是便在坊間找來一些閒角，在統領府內飲杯茶，吃塊西餅，但卻不見成效。但見城內的街角通衢，黑衣一族依舊像潮汐潮退般，來而復往。雖官府高貼皇榜，尋找「大台」下落，但依然不見其蹤影。然則「大台」何處尋？真箇時尋尋覓覓，冷冷清清，悽悽慘慘戚戚！

　　有好事之徒，逐沐浴更衣，討教於馳名省、港、澳之黃大仙祠。大仙感其誠，賜一偈曰：「大台」者「民心」也。

正是得民心者，得天下。誠如習大主席曾教導：執政為民，以民為本。所以「民心」乃治國之本。今天維城己亥之亂，和民間訴求，傳遍遐宇，想天庭亦已有所聞。為何我們的林大統領卻置若罔聞，正是：早知燈是火，何須四圍摸？

　　上古三皇五帝時代的《尚書·大禹謨》有如下的一闋話：「人心惟危，道心惟微。惟精惟一，允執厥中。」相傳是舜帝告誡大禹有效治國之道，只有精誠、懇切地秉行中正之道，才能治理好國家，千萬不可固執己見。雖然人心是危險難測，而道心是幽微難明，但只要能多接地氣，一心一意以法為綱，以民為本，利國而便民，則「大台」易覓，民心則得舒暢，而社稷幸甚，天下歸仁矣！

第七則：己亥中秋節感言

2019年9月

今夕是中國農曆己亥年之中秋節。

中秋節是我國其中一個重要傳統節日，是闔家團聚，歡慶團圓的日子。在昔日，以農耕為主的社會是代表秋收的日子，是收成的季節，是桂花飄香，「稻花香裏說豐年，聽取蛙聲一片」。然而在今天的香港，稻米的種植幾乎消聲匿跡，一般人都稻（俗稱禾）、草難分了。兒時賞月嘗食之芋頭、菱角亦少見。月餅變成禮品，主要是打關係而非食用品了。點蠟燭的燈籠已由電燈泡取代。一切已成追憶，這是無可奈何的事，因為社會畢竟是往前發展，衣食住行或傳統等也終得不斷更新和改進。

今個兒香江的中秋節感覺和以往最不同的是社會嚴重分化、撕裂、學生罷課，風起雲湧。持續多月的群眾上街示威，其五大訴求，有論者認為是「偽命題」。即使如此，這也是數以百萬計的民意所在，政府怎能視而不見，聽而不聞呢？坊間傳言，特首府依靠其三萬多的警力，如何抵擋那貌似洶湧的民情，結果只弄得衙差們成為政治的工具和犧牲品，令人唏噓。往昔尚稱和諧的警民關係，隨政府的民望跌至低谷。民怨沸騰，百業呈蕭條之勢。昔日繁榮穩定已漸次消逝在朦朧的月色裏。

　　當然，香江大統領依舊可以在保安極為嚴密的統領府內安然、獨自地與夫君或一眾侍從高官舉杯邀明月，自醉一番。然而，在今夕同一個夜空下的明月，卻有不一樣的情懷。特首府上空的月色或許是明月星稀，烏鵲南飛。但在香江的地面上卻是別有一番景象，就是：

　　月色茫茫城影暗，無語對愁眠！

第八則：讀書vs.閱讀

2019年9月

　　在21世紀的今天，除了世界上個別特別貧困的國家或地區外，讀書或接受基本教育是所有適齡兒童的基本權利，亦是當權者應盡的責任。更有些地區通過立法，規定若為人父母者畜意或有意圖阻止子女上學讀書則要負上刑責。因此，讀書是人成長過程中必須經歷的階段，是帶有濃厚的功能性。誠如古人云：家無讀書子，何來出功名。

　　然而，當我們完成學業，出來社會謀生，許多人都逐漸與書本疏離，很多時，書本更變為裝飾品或附庸風雅之器物。因為，今天社會環境變遷，許多人在工餘時候有太多的事物吸引，例如唱K、玩手機、出遊，吃喝玩樂等各自各精彩，對閱讀書本的興趣已由濃化淡。當然，我們並不是叫人們拋棄上述的工餘時間而花時間在閱讀方面，而是在每天能否花一時半刻來培養閱讀的興趣。

　　書本記錄了前人智慧的沉澱，包括了成功和失敗的事例、經驗和見聞。所以閱讀有四大好處。一，溫故知新。二，增長見聞。三，培養良好的終生學習興趣。四，增進我們的思辨能力和想象空間。

　　因此，閱讀是一低成本高收穫的事功。

第九則：論《反蒙面法》

2019年10月

　　香江動亂至今已逾四月，仍未見有緩和跡象，反越演越烈。彈丸之地的香江再不以其為世界五大金融中心或航運中心之名譽而蜚聲環宇，卻以其街頭運動而轟動國際，吸睛能力更蓋過偉大祖國七十週年的閱兵慶典。衙差的一招超近距離開槍，使一青年學子或者被官府稱為暴亂份子者，應聲倒地，驚慄全球，香江下滑至如斯境地，官府無能而治，使人遺憾！

　　香江大統領及官府中人與靠吃政治飯的黨團人士，隨即與官府沆瀣一氣，立即翻出港英時代的艙底貨──《緊急法令》，以祭出一條《反蒙面法》來，冀望達致止亂制暴的妙想天開的良方！成否？余非政治鬥獸場上之人，未敢妄斷。然而，作為對中國歷史和文化有丁點兒了解和認識，只好從故紙堆中，嘗試尋覓一些古人遺留下的智慧，以安撫我等無知小民那乾涸的心靈而矣！

　　稍微涉獵中國歷史的人，都知道漢高祖劉邦能取得天下，最得力者之一是其後世奉為留侯者之張良是也。其事跡見於司馬遷之史記留侯世家一章。而張良之智慧則師承於黃石公。於是乎，便順藤摸瓜，溯本尋源追蹤至《黃石公三略》，後世又稱為《三略》者一書，據云此書成書於西漢末

年。其中在《下略》中有這樣的幾句話：

> 使怨治怨，是謂逆天。使讎治讎，其禍不
> 救。治民使平，致平以清。則民得其所，而天下
> 寧。

其意思十分明顯，即：用民眾所怨恨的政令去治理懷有怨氣的民眾，是有違天理；用民眾所仇恨的政令去治理懷有仇恨的民眾，則後患無窮，恐怕災禍難以避免。

因此，官府要考慮的是要如何疏導民眾的怨忿，而不是挖空心思去遏制，結果將會是適得其反，難以為治。因為壓迫力越大，反抗力越強；況且，防民之口，甚於防川。

香江是七百萬人賴以安心立命之地，為政者應有偉大和寬廣之胸襟、容人之宏量。除了一小撮窮凶極惡之徒外，相信絕大部分都不是十惡不赦之徒，而是風華正茂的年輕人！作為父母官之大人們，千百年來，偉大的中華文化中的愛民如子的教誨，難道真是一個偉大的空話嗎？

吾謹以五柳先生的《歸去來辭》作為本篇的結束語：

> 既自以心為形役，奚惆悵而獨悲？悟已往之
> 不諫，知來者之可追。實迷途其未遠，覺今是而
> 昨非。

願為政者勉之。

第十則：《竇娥冤》說起

2019年10月

　　自內子辭世後，閒暇獨居家中多以閱讀遣懷，加上多月來的社會動盪，若非必要，均躲於陋室中。

　　漫漫長夜，燈下偶拾元關漢卿的雜劇作品《竇娥冤》來翻閱。閱後，感慨殊深，思潮起伏，夜不能寐。

　　關漢卿，大都（今北京）人，活於13世紀蒙古人治下的中國。多才多藝，能編能演，關氏一生寫了67本雜劇，現存下來的有18本，包括《竇娥冤》、《魯齋郎》、《單刀會》等。而《竇娥冤》在一百多年前已有法文譯本，流傳海外矣！

　　戲劇中的竇娥父親是個窮秀才，於七歲時父親因欠債把她送給蔡家作童養媳。然而，天意弄人，婚後丈夫早亡，與婆婆雙雙守寡。當債主賽某想勒死婆婆，恰巧，為流氓張驢兒父子經過把她救了。但該流氓父子都想把婆媳二人強佔為妻。竇娥執意不肯著。於是張流氓便想用藥毒害婆婆以嫁禍她，卻不料錯手毒害了他的父親。但竇娥不屈從，於是訴之官府。然而昏庸的官府不分青紅皂白，用嚴刑拷打，妄圖屈打成招，卻不得要領。轉移要打蔡婆婆，以此來叫竇娥屈服。為了免婆婆受刑，只好屈招並被定死罪。死後，冤魂不散跑到父親那裡告狀，結果冤情得雪，仇人受懲。

　　翻開史書，我們都知道元代是中國歷史一個極其黑暗的年代。官府殘暴無能，胥吏貪贓枉法。吏治不彰，腐朽和貪財享樂，已是常態。故史書記錄，於元大德七年有冤獄5,176宗，貪官污吏18,743名。因此，在這暗無天日的社會政治氛圍中，正是竇娥式悲劇的社會根源。而關漢卿就是通過竇娥這個人物，折射出人民群眾的優秀品質和堅強不屈的反抗精神。千百年來，《竇娥冤》這個劇目，歷久不衰，受到廣大群眾的喜愛，觀眾為竇娥的可憐身世而哭泣；為竇娥在不合理和庸官面前，雖身受重刑而不屈的形象而鼓掌；為竇娥最終沉冤得雪，庸官受到最終的懲治、正義得以伸張而歡呼！

　　竇娥對堅持對正義的執著，對不合理制度的控訴，她的反抗是多麼徹底。雖然變了鬼魂也要告狀報仇，充分體現了關漢卿和其筆下的竇娥與對當下黑暗社會現實的憤慨。同時，亦表達了為堅持正義和美好理想的必勝信念。

　　她死前起了三個誓：血飛白練，六月飛霜，三年不雨。結果，天從人願，三項誓願均實現了。關漢卿筆下的悲劇和古希臘悲劇的一個最大分別是關劇不是單使人感到痛苦，悲觀和失望，而是使人生起反抗的性格，敢於鬥爭的精神，對正義和善良的執著，從而產生出激動人心及感天動地的力量。

　　回顧，當今眼下的香江，社會為何如此撕裂，街頭暴亂未有消退之跡象，真箇是官府、衙差狠不起心，強力止暴，還是有不可言說的因由嗎？

　　希望通過重溫我國偉大的人民劇作家關漢卿的代表作：《竇娥冤》或許使當今的官府與民眾能有所感悟吧！

結語篇：2019歲暮抒懷

　　在一生經歷了幾許波折，甜酸苦辣，得失成敗，就像照片中的夕陽，如一幅淡淡的水彩畫，在璀璨後漸歸平淡，再不顯露那爭妍鬥麗的過去了。而我的一生將隨著那一抹斜陽，在暮色蒼茫中慢慢退出人生舞台，只留下沙灘上的腳印。惟那緊跟潮汐漲退的海浪在黑夜中將會把這些腳印沖擦掉。當日出時，生命已是另一個新的循環。誠如蘇東坡先生云：「回首向來蕭瑟處，歸去，也無風雨也無晴！」吾將與天地冥合為一矣！

2019年12月31日歲暮抒懷。

薛浩然評論集——時事・政治・歷史・宗教・文化

出　版：喬木堂
　　　　香港新界荃灣灰窰角街28號美德大廈3A樓D&E室

編　著：薛浩然

設計／製作：書作坊出版社

發　行：利源書報社
　　　　香港新界大埔汀麗路33號中華商印刷大廈三樓
　　　　Tel: 2381 8251 Fax: 2397 1519
　　　　E-mail: lysalted@netvigator.com

版　次：2020年1月初版

國際書號／ISBN：978-988-78679-2-0

定　價：HK$98